현상학의 이념

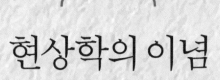

현상학의 이념

Die Idee der Phänomenologie:
fünf Vorlesungen

Edmund Husserl

P 필로소픽

차례

역자 서문 / 6

강의의 사유 단계　14

제1강의

1. 자연적 사고 태도와 자연적 학문　41
2. 철학적(반성적) 사고 태도　44
3. 자연적 태도에서의 인식 반성의 불합리　46
4. 참된 인식 비판이 갖는 이중적 과제　50
5. 인식의 현상학으로서의 참된 인식 비판　51
6. 철학의 새로운 차원: 과학에 대립하는 철학 고유의 방법　53

제2강의

1. 인식 비판의 출발점: 모든 앎을 의심할 것　59
2. 데카르트의 의심의 성찰과 관련하여 절대적으로
   확실한 토대의 확보　61
3. 절대적 소여성의 영역　63
4. 반복과 보충: 인식 비판의 가능성을 부정하는
   논변에 대한 반박　66
5. 자연적 인식의 수수께끼: 초월　70
6. 내재와 초월이라는 두 개념의 구분　70
7. 인식 비판의 최초의 문제: 초월적 인식의 가능성　72
8. 인식론적 환원의 원리　77

제3강의

1. 인식론적 환원의 수행: 초월적인 모든 것을 배제하기   81
2. 탐구의 주제: 순수 현상   83
3. 절대적 현상의 '객관적 타당성'에 대한 물음   88
4. 개별적인 소여성으로 제한하는 것의 불가능성:
   본질 인식으로서의 현상학적 인식   94
5. '아프리오리'라는 개념이 갖는 두 가지 의미   96

제4강의

1. 지향성을 통한 탐구 영역의 확장   101
2. 보편적인 것의 자체소여성: 본질 분석의 철학적 방법   103
3. 명증의 감정 이론에 대한 비판:
   자체소여성으로서의 명증   108
4. 내실적 내재의 영역으로 제한하지 않음:
   모든 자체소여성이라는 주제   111

제5강의

1. 시간 의식의 구성   119
2. 본질의 명증적 소여로서의 본질 파악: 개별적 본질의
   구성과 보편성 의식의 구성   121
3. 범주적 소여성   128
4. 기호적으로 생각된 것 자체   131
5. 가장 넓은 범위의 탐구 영역: 인식에서 대상성의 다양한
   양태의 구성-인식과 인식 대상성의 상관관계의 문제   132

부록1 / 138
부록2 / 142
부록3 / 144

역자 서문

《현상학의 이념》은 독일의 철학자 에드문트 후설이 1907년 괴팅겐 대학에서 행한 강의록이다. 후설은 1907년 여름학기에 〈현상학과 이성비판 개요〉라는 제목의 강의를 열었는데, 이 강의의 입문에 해당하는 처음 다섯 번의 강의가 《후설전집》 2권으로 출간된 《현상학의 이념》이다. (나머지 본문에 해당하는 강의는 《후설전집》 16권 《사물과 공간》으로 출간되었는데, 국내에도 최근 번역본이 출간되었다.)

후설은 1900년, 1901년 《논리연구》 출간 후, 심각한 학문적 회의와 위기 상황을 겪으며 칸트 연구에 몰두하게 되는데, 1907년의 시기는 후설이 칸트 연구로부터 초월론적 현상학의 사상을 싹틔우고 성숙시켜가던 시기였다. 기술적 현상학으로 특징지어지는 《논리연구》 이후, 초월론적 현상학은 1913년에 발표된 《이념들 Ⅰ》에서 체계적인 모습으로 뚜렷하게 나타나지만, 초월론적 현상학의 이념과 그 핵심 사상들, 그러니까 현상학적 환원, 구성과 같은 문제는 이미 1907년의 이 다섯 개의 강의에서 충분히 무르익은 형태로 개진되고 있다. 현상학적 환원의 이념은 이 강의 이전에 1905년 〈제펠트 초고〉에도 나타난다. 그러나 〈제펠트 초고〉에서 탐색의 단계에 머물러 있던 환원의 이념이 《현상학의 이념》에서는 보다 뚜렷한 모습으로 제시되고 있다. 《현상학의 이념》은 후설의 초월론적 현상학 전반을 결정짓는 핵심 사상들이 처음으로 공개적으로 발표된 강의록이라고 할 수 있는 것이다.

이 강의의 핵심 주제는 엄격한 철학적 반성 속에서 인식의 가능성이 인식론적으로 어떻게 확립될 수 있는가 하는 문제이다. 인식은 하나의 심리적 체험으로서 우리에게 경험된다. 인식은 인식하는 주관의 인식이다. 그리고 인식하는 주관의 맞은편에 인식되는 대상이 서 있다고 생각된다. 그러나 "인식은 그것이 인식하는 대상과 일치함을 어떻게 확신할 수 있으며, 어떻게 자신을 넘어서 그것의 대상과 맞아떨어질 수 있는가?" 인식 대상은 인식하는 주관의 의식 체험을 초월해 있다. 그럼에도 인식은 대상과 관계해야 하고 대상과 부합해야 한다. 이러한 관계맺음은 어떻게 가능한가? 말하자면 인식, 곧 의식 체험은 어떻게 자기 자신을 넘어설 수 있는가?

철학사 속에서 이 수수께끼 같은 질문을 해결하려는 수많은 시도들이 회의주의의 좌절을 겪었다. 경험에 토대하여 자칭 철저한 인식 비판 속에서 인식의 가능성을 해명하려고 했던 로크와 버클리는 경험될 수 없는 실체나 신을 끌어들임으로써 자기모순에 이르렀고, 보다 엄격하고 철저한 인식 비판 속에서 경험론을 끝까지 밀고 나간 흄은 일체의 자연 법칙의 합리성을 부정하는 극단적 회의주의로 이끌리게 되었다. 또 코페르니쿠스적 전회를 통해 인식의 가능성을 설명하고자 했던 칸트조차 물자체는 결코 인식될 수 없다고 함으로써 근본적으로는 회의주의의 한계를 벗어나지 못했다.

여기서 후설은 그 무엇과도 비견될 수 없는 철저한 인식 비판을 단행하면서 우리의 의식에 가장 자명하게 주어지는 의식 체험의 본질에서 해결의 실마리를 얻는다. 데카르트의 성찰이 보여주듯이 우리에게 가장 명증적으로 주어지는 것은 코기타치오cogitatio, 즉 사유작용들이다. 나는 내 앞의 나무가 실제로 존재하는지 존재하지 않는지는 의심할 수 있지만, 내가 저 나무를 지각하고 있다는 사실 자체는 의심할 수 없다. 이때 나무는 의식을 초월해 있는 의식 초월적인 것이지만 나무에 대한 지각은 의식에 속해 있는 의식 내재적인 것이다. 철저한 인식 비판 속에서 의식 초월적인 것은 배제되어야 하고 우리는 오직 의식 내재적인 것만을 명증의 영역으로 취해야 한다.

그런데 문제는 이것이다. 의식 내재적인 것만이 명증의 영역에 들어올 수 있고, 의식 초월적인 것은 인식론적으로 무가치한 것이라면, 우리는 오직 의식 내재적인 것에만 머물러야 하는데, 그렇다면 우리는 도대체 우리의 의식 밖의 대상으로 어떻게 나아가 초월적 대상을 인식할 수 있단 말인가.

여기서 이 문제를 해결할 수 있는 열쇠로서 내재의 두 가지 의미에 대한 중대한 구분이 등장한다. 의식 체험에 실제로 직접 속하는 것은 내실적으로 내재적인 것이지만, 의식 내재적인 것은 내실적 내재가 전부가 아니다. 내실적으로는 의식을 초월하면서도 지향적으로는 의식에 내재적인 대상들이 우리의 의식에서 **구성되는 것이다!** 우리는 의식의 본질적 성격인 지향성을 통해 대상과 관계 맺는데, 언제나 우리의 의식에 내실적으로 존재하는 것, 그리고 우리의 의식에 순수하게 주어진 것을 넘어서(초월하여) 사물의 의미를 구성한다. 그리고 주어진 것을 초월하여 구성된 이러한 사물의 의미가 우리의 지향적 대상이 된다. 노에마, 본질과 같은 것들은 내실적으로는 의식을 초월하면서도 지향적으로는 의식에 내재적인데, 후설은 명증의 영역을 내실적 내재의 영역에서 지향적 내재의 영역으로 확장함으로써 엄격한 인식 비판 속에서도 결코 그 인식적 가치가 상실되지 않는 구성물들을 발견하게 된다. 이러한 사물 구성은 의식이 주어진 것을 초월함으로써 가능한 것이며, 초월이란 인식의 본질적 기능이기 때문에 우리는 언제나 의식을 초월하여 의미를 구성하고 그렇게 구성된 의미를 통해 초월적 대상과 관계할 수 있는 것이다.

인식과 인식 대상은 그 어떤 심연으로 분리되어 있는 것이 아니라 실은 하나의 인식 체험의 분리할 수 없는 두 가지 계기

였을 뿐이다. "대상은 인식 밖에, 의식 밖에 있는 것이 아니라 순수하게 직관된 것의 절대적 자체소여라는 의미로 동시에 주어져 있다." 대상과의 관계맺음은 인식 체험의 본질적 성격이다. 의식의 지향성을 통해 가능하게 되는, 인식 현상과 인식 대상 간의 이 놀라운 상관관계 덕분에 우리는 회의주의의 나락으로 떨어지지 않고서도 인식의 가능성을 설명할 수 있게 된다.

이 밖에도 이 강의록에는 자연적 학문과는 완전히 다른, 새로운 차원 속에 놓여 있는 현상학의 이념과 방법들, 또 현상학적 환원, 본질 직관, 명증, 범주적 소여, 시간의식 등 수많은 현상학의 핵심 개념들이 세밀하게 제시되고 있다. 그러하기에 《현상학의 이념》은 현상학에 입문하는 초심자들에게는 현상학의 이념과 방법의 본령을 제대로 경험할 수 있는 좋은 입문서가 될 것이요, 현상학에 익숙한 연구자들에게도 인식 가능성의 문제와 관련하여 새로운 많은 통찰들을 줄 수 있을 것이라고 기대한다.

이 책을 번역하게 된 계기는 2019년 1학기 서울대학교에서 맡게 된 〈서양 현대 철학 특강〉 강의에 사용할 교재를 마련하기 위해서였다. 기존 번역서가 있지만 이미 무척이나 오래된 번역서이기도 하여 학생들과 같이 읽기에는 여러모로 만족스럽지 못했다. 새로운 나의 번역본으로 수업을 하면서 학생들과 텍스트의 의미를 보다 꼼꼼하게 해석하고 점검하며 생산적인 많은 토론을 해나갈 수 있었다. 그리고 수업을 마치며 이렇게 좋은 후설의 텍스트를 새로운 번역으로 국내 독자들에게 소개한다면 무척 뜻깊은 일이 될 것이라고 생각하게 되었다. 그러던 차에, 필로소픽 출판사의 이은성 대표님께서 흔쾌히 출판을 허락해주셨다. 출판 계획이 세워진 후, 다시 꼼꼼하게 번역본을 읽으며 역주를 덧붙였다. 어려운 전문 철학 텍스트인만큼 독자들이 조금이나마 더 쉽게 다가갈 수 있도록 가급적 이해하기 쉬운 해설을 주석에 덧붙여보고자 애썼다. 미처 다 설명하지 못한 부분들도 많고 부족하다고 생각되는 부분도 많겠지만 나머지 부분은 독자들이 직접 사유하고 연구하며 채워갈 수 있는 공간으로 남겨두고자 한다.

글을 마무리하며, 이 책이 나오기까지 도와주신 분들께 감사의 인사를 드리고 싶다. 먼저 출판을 허락해주신 필로소픽 출판사의 이은성 대표님께 감사드리고, 또 책이 온전한 모습으로 나올 수 있도록 애써주신 편집부 선생님들의 노고에도 감사드린다. 덧붙여 2019년 1학기, 대학 강단에서의 나의 첫 철학 수업을 함께 해준 학생들에게도 애정 어린 감사의 인사를 전하고 싶다. 끝으로 이 책의 독자들에게도 미리 머리 숙여 감사드리며, 이 책을 통해 보다 많은 분들이 현상학과 가까워지고 현상학에 대한 이해가 깊어질 수 있기를 소망한다.

2020년 여름
옮긴이 박지영

강의의 사유 단계
Gedankengang der Vorlesungen

강의의 사유 단계

삶과 학문에서, 인식 가능성의 어려움에 관해 무관심한 **자연스러운 사고**natürliches Denken가 있고, 인식 가능성의 문제들에 대한 입장을 통해 규정되는 **철학적 사고**philosophiches Denken가 있다.

사태 자체에 부합하는 인식의 가능성에 대한 반성은 다음과 같은 어려운 점들과 관련되어 있다. 즉 인식은 그 자체로 존재하는 사태와의 일치를 어떻게 확신하게 될 수 있으며, 그러한 사태 자체와 어떻게 '부합'할 수 있는가? 사태 자체는 우리의 사고활동, 그리고 이러한 사고활동을 지배하는 논리적 법칙들에 어떻게 관계하는가? 그러한 논리적 법칙들은 우리의 사고의 법칙이며, 심리학적 법칙이다. ― 생물학주의, 적응 법칙으로서의 심리학적 법칙.[1]

---

1 논리 법칙을 일종의 심리학적 법칙으로 간주하는 생물학주의는 후설이 배격하는 입장이다. 논리법칙이 진화의 과정에서 적응의 산물로 생겨난 심리 법칙이

불합리: 사람들은, 자연스럽게 인식에 대해 반성하면서, 그리고 인식 활동과 더불어 인식을 학문의 자연스러운 사고 체계로 분류하면서, 우선은 마음에 드는 이론에 빠져든다. 그러나 언제나 그것은 모순 내지는 불합리로 끝난다. — 명백한 회의주의로의 경향.[2]

이러한 문제들에 대해 학문적으로 입장을 취하려는 시도를 우리는 이미 인식 이론이라고 부를 수 있다. 어쨌든, 여기에 놓인 어려움들을 해결하고, 인식의 본질과 인식 활동의 가능성에 관해 최종적이고 명료하며, 그래서 그 자체로 일치하는 통찰을 우리에게 제공해주는 하나의 학문으로서, 그 어떤 인식 이론의 이념이 생겨나는 것이다. 이러한 의미에서 인식 비판은 형이상학의 가능성을 위한 조건이다.[3]

라는 입장은 일종의 심리학주의적 입장으로서 이념적인 것(논리 법칙)과 실재적인 것(심리 현상)의 차이를 혼동하는 오류를 범하고 있다. 논리 법칙과 같은 이념적인 것은 초시간적 타당성을 지니면서 서로 다른 심리 현상에 의해 무한히 되풀이될 수 있는 자기 동일성을 지니지만 심리 현상은 실재적인 것으로서 의식 체험 속에서 매순간 부단히 흘러가며 변화하는 것이다.

2 근대의 경험주의는 로크의 경우에는 경험될 수 없는 객관적 실체를 끌어들이는 독단으로 끝났고, 버클리의 경우에는 경험될 수 없는 신을 끌어들이는 독단으로 끝났으며, 흄의 경우에는 자연 법칙에 대한 명백한 회의주의적 결론으로 끝났다. 로크와 버클리는 경험주의를 끝까지 관철시키지 않음으로써 모순과 불합리에 빠지게 되었고, 경험주의를 끝까지 철저히 밀고 나간 흄은 극단적 회의주의에 이르게 된 것이다. 이러한 근대 경험론의 입장들은 인식의 원리를 해명하는 데 모두 나름의 한계가 있다.

3 인식론은 참다운 형이상학으로 나아가기 위한 하나의 발판이다. 우리가 올바른 인식의 원리와 기준을 해명하지 않고 성급하게 형이상학을 전개해 나간다면,

인식 비판의 **방법**Methode은 현상학적 방법이고, 현상학은 그 속에 인식의 본질에 관한 학문이 편입되어 있는 보편적 본질학[4]이다.

그것은 어떤 종류의 방법인가? 만약 인식 일반이 그것의 의미와 활동에 관해 의문시된다면, 인식에 관한 학문은 어떻게 확립될 수 있을까? 어떤 방법이 거기서 목표로 이끌어갈 수 있을까?

A. 현상학적 고찰 - 첫 번째 단계

1) 맨 처음에 우리는 그러한 학문이 도대체 가능한지를 의심하게 된다. 만약 그러한 학문이 모든 인식을 의문에 부친다면, 출발로 선택된 모든 인식도 인식으로 함께 의문에 부쳐질 텐데, 그러한 학문은 거기서 어떻게 시작할 수 있을까?

그러나 이는 그저 외견상의 어려움일 뿐이다. 인식은 "의문에 부쳐진다고 해서" **부정되는** 것은 아니며 모든 의미에서 의심스러운 무언가로 설정되는 것도 아니다. 물음은 인식에 부

그러한 형이상학은 검증될 수 없는 독단으로 어지럽혀질 것이다. 그런 의미에서 인식론은 형이상학을 가능하게 하는 조건이자 참다운 형이상학을 위한 예비학이다.

4 여기서 후설은 현상학을 본질학으로 규정하고 있다. 본질학은 사실학과 대비되는 말로서 개별 경험과학이 사실적인 것을 연구하는 사실학이라면, 현상학은 의식 체험의 본질 구조를 연구하는 본질학이다.

당하게 요구된 어떤 활동들을 향한다. 게다가, 이때 그러한 어려움들이 모든 가능한 인식 유형들과 관계하는지는 아직 미결인 채로 있다. 어쨌든 인식 이론이 인식의 가능성을 묻고자 한다면, 인식 이론은 인식 가능성들에 관해서, 의심할 여지없는 인식을 가져야만 한다. 그것도 확실성을 갖고 있으며, 그 자신의 인식 가능성과 관련하여 그 확실성이 절대적으로 의심할 여지가 없는, 그러한 가장 엄밀한 의미에서의 인식을 가져야 한다. 만약 인식의 확실성이 어떻게 가능한지가 불명료하고 의심스럽게 된다면, 그리고 우리가 그와 같은 것이 가능한지 어떤지 의심하는 경향이 있다면, 우선 의심할 여지없는 인식의 경우들, 혹은 인식 대상과 정말로 부합하거나 부합하게 될 가능한 인식들을 주시해야 한다. 시작하면서 우리는 어떠한 인식도 인식으로 받아들여서는 안 된다. 그렇지 않으면 우리는 어떠한 가능한 목표도, 혹은 다시 말해, 어떠한 의미 있는 목표도 가질 수 없게 될 것이다.

이때 **데카르트적인 의심의 성찰** Cartesianische Zweifelsbetrachtung이 우리에게 시작을 제공해준다. 체험하는 동안의 체험, 그리고 그 체험에 대한 단적인 반성 속에서의 체험, 즉 코기타치오 cogitatio[5]의 존재는 의심할 수 없다. 직관하면서 직접적으로 사

---

5 코기타치오는 데카르트적 표현으로서 내가 무언가를 지각한다든지 상기한다든지 상상한다든지 판단한다든지 느낀다든지 의욕한다든지 하는, 자아의 모든 현실적인 의식작용, 사유작용을 뜻한다. 데카르트는 내가 모든 것을 의심할 수

유작용을 포착하고 가지는 것은 이미 인식이다. 그리고 코기타치오네스cogitationes[6]는 최초의 절대적 소여들이다.

2) **최초의 인식 이론적 반성**이 당연히 여기에 연결된다.

이런 경우들에서 의심할 수 없음을 형성하는 것은 무엇이며, 이와 대립되는 다른 거짓 인식의 경우에서 의심스러움을 형성하는 것은 무엇인가? 왜 어떤 경우에는 회의주의로의 경향이, 그리고 어떻게 존재가 인식에 부합할 수 있는가 하는 회의의 물음이 생겨나는가? 그리고 코기타치오네스에서는 왜 이러한 의심과 어려움이 생겨나지 않는가?

사람들은 (우선은 가장 먼저 떠오르는 대답으로) **내재**Immanenz와 **초월**Transzendenz[7]이라는 개념 쌍 내지 단어 쌍으로 대답한다. 코기타치오를 직관하는 인식은 내재적이고,[8] 객관적 학문의 인식, 그러니까 자연과학과 정신과학의 인식은 초월적이며, 자세히 고찰해보면 수학적 학문의 인식도 초월적이다. 객관적 학문에는 **초월이라는 의심스러운 것**Bedenklichkeit der Transzendenz이 존재한다. 물음은 다음과 같다. 인식은 어떻게 자기 자신을

있다고 하더라도 무언가를 의심하고 있다는 나의 사유작용 자체는 의심할 수 없다고 하였다.

6 코기타치오네스cogitationes는 라틴어 코기타치오cotitatio의 복수형으로서 다양한 사유작용들을 뜻한다.

7 내재와 초월은 서로 대립되는 개념이다. 후설은 의식 체험에 속하는 것을 내재라 부르고 의식 체험을 초월하는 것을 초월적인 것(혹은 초재)이라고 부른다.

8 코기타치오, 즉 사유작용들을 직관하는 인식은 반성적 인식으로서 의식 대상이 의식 체험에 속하므로 내재적 인식이다.

넘어설 수 있는가? 인식은 의식의 테두리 내에서는 발견할 수 없는 존재와 어떻게 부합할 수 있는가? 이러한 어려움은 코기타치오의 직관하는 인식에서는 없어진다.

3) 그다음에 사람들은 내재를 내실적[9] 내재 reelle Immanenz로, 심지어 심리학적으로는 **실재적 내재** reale Immanenz로 해석하는 경향이 있고, 그것을 당연하게 여긴다. 즉 인식 체험 속에서, 그러니까 실재적 현실성으로 이해되는 그러한 인식 체험 속에서, 혹은 그러한 체험이 속해 있는 자아의식 속에서 인식 대상 역시 발견될 수 있다는 것이다. 동일한 의식 속에서, 그리고 동일한 사실적 현재 속에서 인식작용이 자신의 대상을 발견하고 만날 수 있다는 것은 자명한 것으로 여겨진다. 여기서 초심자들은 내재적인 것은 나의 내부에, 초월적인 것은 나의 외부에 있다고 이야기할 것이다.

그러나 좀 더 자세히 고찰해보면, **내실적 내재** reelle Immanenz와, **명증 속에서 구성되는 자체-주어짐** Selbstgegebenheit[10]이라는 의미에서의 **내재** Immanenz im Sinne der in der Evidenz sich konstituierenden Selbstgegebenheit는 구별된다. 내실적으로 내재적인 것은 의심할 수 없는 것으로 여겨지는데, 그 이유는 그것이 다른 어떤 것도

---

9 '내실적'이라는 말은 후설 현상학의 전문 용어로서 지향적 의식 체험의 구성요소로 의식 체험에 직접 실제로 속함을 뜻한다. 사물 지각과 같은 지향적 체험의 '내실적' 구성요소에는 '감각소여'와 감각소여에 의미의 혼을 불어넣는 '파악작용'이 있다.

10 의식에 사태나 대상 그 자체가 주어짐을 의미한다.

나타내지 않으며 자신을 넘어서는 그 무엇도 가리키지 않기 때문이다. 즉 이때 의미된 것 역시 완전히 충전적으로[11] 자체 주어지기 때문이다. 내실적 내재의 자체-주어짐 이외에 다른 어떠한 자체-주어짐도 우선은 아직 시야의 범위에 들어오지 않는다.

4) 그래서 우선은 구별되지 않는다. 명료함의 첫 번째 단계는 이제 다음과 같다. 내실적으로 내재적인 것 혹은 (같은 것을 말하는 것이지만) 충전적으로 자체 주어진 것은 의심할 수 없고, 나는 그것을 사용해도 된다. 초월적인 것(내실적으로 내재적인 것이 아닌 것)은 사용해서는 안 된다. 그래서 나는 **현상학적 환원을, 모든 초월적인 것의 정립의 배제를 수행해야 한다.**

왜 그러한가? 초월적인 것, 다시 말해 자체 주어진 것이 아니라 '자신을 넘어서 생각된 것'을 인식이 어떻게 만날 수 있는지가 불명료하다면, 초월적인 인식과 학문의 그 무엇도 나에게 명료함을 가져다줄 수 없다. 내가 원하는 것은 **명료함**Klarheit이다. 나는 이러한 만남의 **가능성**을 이해하길 원한다. 그러나 우리가 그 의미를 숙고해본다면, 내가 원하는 것은 바로 이러한 만남의 가능성의 본질을 알아보고 그것을 직관하면서 소여성Gegebenheit[12]으로 가져오는 일이다. 직관함은 증명될 수

---

11 '충전적으로 주어짐'은 '남김없이 통째로 온전히 주어짐'을 뜻한다.
12 소여성은 다른 말로 '주어짐', 혹은 '주어진 것'을 뜻한다. 그래서 '소여', '소여성', 혹은 '주어짐'으로 번역한다.

없다. 즉 보기를 원하는 눈먼 사람이 학문적 증명을 통해서 그렇게 할 수는 없다. 즉 물리학적이고 생리학적인 색채 이론은 직접 실제로 보는 사람이 갖고 있는 것과 같은 색채의 의미에 대해서는 어떠한 직관적 명료함도 가져다주지 못한다. 따라서 이러한 숙고로부터 분명해지듯이 인식 비판이 계속해서 오로지 모든 인식의 종류와 형태를 해명하고자 하는 학문이라면, 인식 비판은 **어떠한 자연적 학문도 이용할 수 없다.** 인식 비판은 자연적 학문의 성과나 존재 확언과는 관련이 없으며, 이러한 것들은 인식 비판에게는 의문으로 남아 있다. 인식 비판에 있어서 모든 학문은 그저 **학문 현상**Wissenschaftsphänomene에 불과하다. 그러한 모든 관련지음[13]은 잘못된 부당이행(메타바시스 $\mu\epsilon\tau\acute{\alpha}\beta\alpha\sigma\iota\varsigma$)[14]을 의미한다. 그러한 관련지음은 그저 잘못된, 그러나 물론 종종 쉽게 떠오르는 **문제 혼동**Problemverschiebung으로 인해 생겨난다. 즉 자연 사실로서의 인식에 대한 심리학적 자연과학적 설명과 그러한 인식 활동의 본질 가능성에 관한 인식의 해명 사이를 혼동함으로써 생겨나는 것이다. 그래서 이러한 혼동을 피하고 이러한 가능성에 관한 물음의 의미를

---

13 인식 비판을 자연적 학문의 성과나 존재 확언과 관련짓는 것이다.

14 이 말은 아리스토텔레스에서 유래하는데, 어떤 사물을 증명할 때 그 사물에 속해 있지 않은 다른 유(類)로부터 출발하여 그 사물로 이행함으로써 증명해서는 안 됨을 뜻한다. 그래서 '부당이행'이란 어떤 유에서 상이한 유로 부당하게 걸음을 옮기는 것을 의미한다. 후설은 특히 심리학과 논리학 사이의 혼동, 실재적인 것과 이념적인 것 사이의 혼동을 경고하기 위해 이 용어를 사용하였다.

늘 기억하기 위해서는 **현상학적 환원**phänomenologische Reduktion이
요구된다.

현상학적 환원은 다음을 의미한다. (나에게 내재적으로 주어
지지 않은) 모든 초월적인 것은 효력 없음의 지표로 이해되어
야 한다는 것,[15] 즉 그것의 실존, 그것의 타당성은 그 자체로
정립되어서는 안 되고 기껏해야 **타당성 현상**으로 정립되어야
한다는 것이다. 그러니까 전제들로, 그리고 그 자체 가정들로,
나에게 시작 단초로 사용될 수 있는 타당한 진리들의 체계로
서가 아니라, 그저 현상으로는 나는 모든 학문을 소유해도 된
다. 가령 전체 심리학이나 전체 자연과학이 그렇다. 그러나 **원
리의 본래적 의미**는 여기, 인식 비판에서 문제시되는 사태들
에 머무르면서 여기에 놓인 문제들을 전혀 다른 문제들과 혼
동해서는 안 된다는 부단한 요청이다. 인식 가능성의 해명은
객관적 학문의 도정에 놓여 있지 않다. 인식을 명증적 자체 소
여로 가져오고 거기서 인식 수행의 본질을 직관하고자 하는
것은, 연역하는 것, 귀납하는 것, 혹은 계산하는 것 등등을 의
미하지 않으며, 또한 이미 주어진 사태로부터, 혹은 주어진 것
으로 타당한 사태로부터 근거를 갖고서 새로운 사태를 도출
해내는 것을 뜻하지 않는다.

---

15 모든 초월적인 것은 철학적으로 반성할 때는 그 자체가 자명한 것일 수 없으
므로 판단중지epoche될 필요가 있다. 초월적인 것의 판단중지는 초월적인 것의
실존이 괄호 속에 넣어짐을 의미한다.

B. 현상학적 고찰 — 두 번째 단계

현상학적 탐구와 그 문제들의 본질을 더 높은 단계의 명료함으로 가져오기 위해서는 이제 고찰의 새로운 층이 필요하다.

1) 우선 데카르트의 코기타치오도 이미 현상학적 환원을 필요로 한다. 심리학적 통각과 객관화에 있어서 심리학적 현상들은 실제로는 절대적 소여 absolute Gegebenheit가 아니다. 오직 순수 현상, 환원된 현상만이 절대적 소여이다. 체험하는 자아, 대상, 세계 속의 인간, 사물들 사이에 있는 사물 등은 절대적 소여가 아니다. 그래서 자아의 체험으로서의 체험도 절대적 소여가 아니다.[16] **우리는 최종적으로는 심리학의 지반을, 심지어는 기술적 심리학의 지반까지도 버린다.** 이로써 근원적으로 추동하는 물음 또한 환원된다. 즉 내가, 이 인간이, 나의 체험 속에서 아마 나의 외부에 있는 존재 자체, 그리고 그와 같은 것을 어떻게 만날 수 있는가 하는 물음이 아니라, 처음부터 애매하며 그 초월적 부담 때문에 애매하게 복잡한 이러한 물음 대신에 이제 다음과 같은 **순수한 근본 물음**이 들어선다. 즉 순수한 인식 현상이, 자신에게 내재적이지 않은 무언가를 어떻게

---

16 데카르트의 코기타치오는 세계의 한 부분으로 실제로 존재하는 하나의 사실로서의 심리적 현상이다. 심리적 현상의 실존은 현상학적으로 고찰해볼 때, 의식에 절대적으로 주어진 것이라고 볼 수 없다. 심리적 현상은 하나의 실재적 사실로서 존재함으로써 순수 의식에 대해서는 초월적 성격을 가지므로 현상학적 환원의 대상이 된다.

만날 수 있으며, 인식의 절대적 자체소여는 자체소여가 아닌 것을 어떻게 만날 수 있는가? 그리고 이러한 만남은 어떻게 이해될 수 있는가?

동시에 **내실적** 내재reelle Immanez라는 개념도 환원된다. 그것은 더 이상 **사실적** 내재reale Immanenz, 즉 인간 의식 속의 내재, 사실적인 심리적 현상 속의 내재를 의미하지 않는다.

2) 만약 우리에게 직관된 현상이 있다면, 우리에게는 또한 하나의 현상학이, 그러니까 이러한 현상들에 관한 학문이 이미 있는 것처럼 보인다.

그러나 거기서 시작하자마자, 우리는 어떤 어려움을 알아차리게 된다. 절대적 현상들의 영역은, 개별성 속에서 취할 경우, 우리의 의도를 충분히 만족시키지는 않는 것처럼 보인다. 개별적 직관들이 코기타치오네스를 확실히 자체소여로 가져온다고 하더라도, 개별적 직관들은 우리에게 무엇을 하게끔 해야 할 것인가? 이러한 직관의 토대 위에서 논리적 조작을 하고, 비교하고, 구별 짓고, 개념들 밑으로 가져오고, 진술할 수 있다는 것이 우선은 자명해 보인다. 비록 (나중에 밝혀지게 되듯이) 그 뒤에 새로운 대상성들이 있을지라도 말이다. 그러나 이러한 자명성을 방임하고 더 이상 숙고하지 않는다면, 여기서 우리가 필요로 하는 종류의 보편타당한 확언들이 어떻게 이루어져야 할지 알 수 없게 된다.[17]

그러나 무언가가 우리를 계속해서 도와주는 것처럼 보인

다. 그것은 **이념화하는 추상**[18]이다. 이념화하는 추상은 우리에게 통찰적 보편성들과 종, 본질을 산출해준다. 그래서 이로써 다음과 같은 보충적 견해가 이야기되는 듯 보인다. 즉 우리는 인식의 본질에 관하여 정말이지 직관하는 명료함을 추구한다. 인식은 코기타치오네스의 영역에 속한다. 그래서 우리는 직관하면서 그것의 일반적 대상성들을 보편성 의식으로 끌어올려야 하며, 그래서 인식의 본질학이 가능하게 된다.

우리는 **명료하고 분명한 지각**에 관한 데카르트의 성찰과의 연관 속에서 이러한 과정을 수행한다. 코기타치오의 '존재Existenz'는 **절대적으로 주어짐**으로 인해, 즉 순수한 명증 속에서 주어짐으로 인해서 보장된다. 순수한 명증을 갖는 곳, 어떤 대상성에 대한 순수한 직관과 파악을 직접적으로 그리고 그 자체로 갖게 되는 곳 어디에서나 우리는 동일한 권리, 동일한 확실성을 갖는다.

이러한 과정은 우리에게 절대적 소여로서의 하나의 새로운 대상성을, **본질대상성**을 산출했다. 그리고 직관된 것에 토대하는 언명에서 나타나는 논리적 작용들은 처음부터 눈에 띄지 않은 채로 있기 때문에, 여기서 또한 **본질 언명**의 영역 내지

---

17 개별적인 의식 체험들을 직관하는 것만으로는 보편타당한 확언들로 이루어진 의식 체험에 대한 본질학을 정립할 수 없다.

18 여기서 '이념화하는 추상'은 개별적인 것들로부터 본질을 추출해내는 것을 뜻하는데, 달리 말하면 '본질 직관'을 뜻한다.

는 순수 직관 속에서 주어지는 보편적인 사태들의 영역이 산출된다.

3) 이와 더불어 우리는 이제 모든 것을 갖는 것인가? 이로써 우리는 완전하게 구획된 현상학을, 그리고 우리가 인식 비판적으로 필요로 하는 것을 소유하는 명료한 자명성을 갖는 것인가? 그리고 우리는 해결해야 할 문제들에 관해 명료함을 갖는 것인가?

아니다. 우리가 행한 과정은 우리를 더 멀리 이끌어간다. 그러한 과정은 우선 우리에게 **내실적 내재**(내지는 초월)가 **내재 일반이라는 보다 넓은 개념**의 특수한 경우일 뿐이라는 사실을 분명하게 해준다. 그래서 **절대적으로 주어짐**과 **내실적으로 내재적임**, 이것은 더는 자명하게 주저 없이 같은 종류의 것이라고 할 수 없다. 왜냐하면 보편적인 것은 절대적으로 주어지지만 내실적으로 내재적이지는 않기 때문이다. 보편적인 것에 대한 **인식**은 특수한 그 무엇이고 각기 의식의 흐름 속의 한 계기이다. 의식에 명증하게 주어진 **보편적인 것 자체**는 그러나 특수한 것이 아니고 보편적인 것이며, 그래서 내실적 의미에서는 초월적이다.[19]

---

19 여기서 '보편적인 것'은 의식 체험의 직접적 구성요소가 아니기 때문에 '내실적으로는 초월'이지만 '의식에 절대적으로, 즉 그 자체로 주어진다'는 점에서 '지향적으로는 내재'이다. 후설은 계속해서 내실적 내재가 내재의 전부가 아니며 내실적 내재와 지향적 내재를 구분해야 한다고 강조한다.

결과적으로 **현상학적 환원**이라는 개념은 더 상세하고 깊은 규정, 그리고 더 명료한 의미를 얻게 된다. 내실적으로 초월적인 것(가령 심지어 심리학적-경험적 의미에서도)의 배제가 아니라, 덧붙여 생각된 존재로서의 초월적인 것 일반의 배제를 뜻한다. 다시 말해 진정한 의미에서의 명증적 소여, 순수 직관의 절대적 소여가 아닌 모든 것의 배제를 뜻한다. 그러나 물론 우리가 이야기한 모든 것은 계속해서 존속한다. 학문적으로 귀납되거나 연역된, 그리고 가정, 사실, 공리로부터 유도된 타당성들, 현실적인 것들 등등은 배제된 채로, 다만 '현상'으로 허용되어 남아있다. 그리고 물론 이것들을 그 어떤 '앎', 그 어떤 '인식'과 연관시킬 때도 마찬가지다. 탐구는 바로 **순수 직관** 속에서 유지되어야 한다. 그러나 그 때문에 내실적으로 내재적인 것만 붙잡고 있어서는 안 된다. 이 탐구는 순수 명증의 영역 내에서의 탐구, 그리고 더군다나 본질 탐구이다. 우리는 또한 이 영역은 **절대적 자체소여 내부의 선험적인 것**Apriori이라고 이야기했다.

그래서 이제 이 영역은 다음과 같이 특징지어진다. 이 영역은 절대적 인식의 영역이다. 이 영역에서는 자아도, 세계도, 신도, 수학적 다양체들도, 그리고 그 어떤 학문적 대상성들도 유보된 채로 남아 있으며, 절대적 인식은 그러한 것들에 의존하지 않고, 사람들이 절대적 인식과 관련하여 회의주의자이든 그렇지 않든, 그것이 타당한 바대로 타당한 것이다. 따라서

이 모든 것은 계속해서 존속한다. 그러나 무엇보다 근본적인 것은, **절대적 소여의 의미를 파악하는 것**, 모든 합리적 의심을 배제하는 **소여존재의 절대적 명료성의 의미**, 한 마디로 말하자면, **절대적으로 직관하면서 그것 자체를 포착하는 명증의 의미**를 파악하는 것이다. 어느 정도까지는 그러한 것들을 발견하는 것에 데카르트적인 회의 성찰의 역사적 의의가 놓여 있다. 그러나 데카르트에게서는 발견한 것과 포기한 것이 하나였다. 우리는 다만 이 오래된 의도 속에 이미 놓여 있던 것을 순수하게 파악하고 일관성 있게 추진해나갔을 뿐이다. 그리고 이러한 연관 속에서 명증에 대한 심리학주의적인 감정 해석[20]과 대결하였다.

---

20 후설에서 '명증'은 '진리의 체험'으로서 우리를 사태 자체와 만나게 해주는 다양한 직관적 경험들을 뜻한다. 후설의 이러한 명증 개념은 19세기에 지배적이던 심리학주의적인 명증 개념들과의 대결 속에서 확립된 것인데, 심리학주의적인 명증 개념이란 명증을 판단에 부착된 특수한 감정으로 이해하는 것이다. 가령 우리는 A=A라는 동일률을 접할 때 판단이 확실하다는 느낌을 갖게 되는데, 심리학주의적 명증 이론에 따르면 의식에 신선하게 전해지는 이러한 확실성의 감정이 명증이다. 그러나 후설에 의하면 이러한 심리학주의적 명증 개념은 인식에 관해 상대주의와 회의주의로 이끌 뿐이다. 왜냐하면 동일한 판단에 대해 서로 다른 두 사람은 서로 다른 감정을 느낄 수 있으며, 게다가 특정 판단에 대해 모든 사람들이 동일하게 확실성의 감정을 느낀다고 하더라도 우리는 왜 그러한 판단들에 대해 그러한 감정을 느끼게 되는지 설명할 수 없기 때문이다. 후설에서 '진리의 체험'으로서의 명증은 사태 자체와의 만남, 즉 사태 자체를 직관하는 것(가령 '직접 보는 것')이다. 이것은 그저 사태가 그렇게 존재한다고 느끼는 확실성의 감정(가령 '사태가 그러할 것')이라는 강렬한 느낌과는 구별된다.

C. 현상학적 고찰 — 세 번째 단계

현상학의 의미와 현상학적 문제성을 더 명료하게 하기 위해 이제 또다시 새롭게 숙고해나가야 한다.

자체-주어짐은 어디까지 이르는가? 그것은 코기타치오의 주어짐[21]에서, 그리고 코기타치오를 일반적으로 파악하는 이념화에서 끝나고 마는가? 이 자체-주어짐이 이르는 곳까지 우리의 현상학적 영역, 절대적 명료성의 영역, 진정한 의미에서의 내재의 영역이 미치게 된다.

이제 우리는 무언가 더 깊은 곳에 이르게 되었는데, 이러한 깊은 곳에 불명료함이 놓여 있고, 이러한 불명료함 속에 문제들이 놓여 있다.

우선은 모든 것이 단순해 보이고 아주 어려운 작업은 요구되지 않는 것처럼 보인다. 마치 바로 내실적 내재가 문제시되는 것처럼 내재가 내실적 내재라는 편견은 사람들이 벗어던질지 모른다. 그러나 그럼에도 사람들은 우선은 적어도 어떤 의미에서는 내실적 내재에 계속 집착한다. 우선 본질 고찰은 단지 코기타치오네스에서 내실적으로 내재적인 것을 보편적으로 파악하고, 그러한 본질에 근거하는 관계들을 밝혀내야 하는 것처럼 보인다. 그래서 이 일은 쉬운 일처럼 보인다. 우

---

21 외부 사물과 같은 초월적 대상은 음영지어 주어지지만 코기타치오, 즉 사유작용은 음영지어 주어지지 않고 그것 자체가 있는 그대로 주어진다.

리는 반성을 수행하고, 우리의 고유한 작용들을 돌이켜 바라보고, 그 작용들의 내실적 내용들을, 그것들이 존재하는 그대로 타당한 것으로 승인한다. 그런데 이것은 현상학적 환원하에서만 이루어져야 한다. 그래서 이것[22]이 유일한 어려움인 양 보인다. 그리고 당연하게도 이제, 다름 아닌 직관된 것을 보편성 의식으로 들어 올리는 일이 어려워 보인다.

그러나 우리가 주어진 것들을 더 자세히 고찰해보면, 문제는 그리 간단하지 않다. 우선, 우리가 전혀 신비한 것으로 여기지 않는, 단순한 소여로서의 코기타치오네스는 갖가지 초월적인 것들을 포함하고 있다.

가령 하나의 음흡의 체험에서, 현상학적 환원 후에도 **나타남** Erscheinung과 **나타나는 것** Erscheinendes[23]이 어떻게 **대립**하고 있는지, 그리고 **순수한 소여**, 즉 진정한 내재 **가운데서** 어떻게 대립하고 있는지를 더 상세히 바라보고 이제 평가해본다면, 우리는 깜짝 놀라게 된다. 가령 음은 지속한다. 여기서 우리는 명증적으로 주어진 음의 통일체[24], 그리고 현재 위상과 과거 위상이라는 위상들을 갖는 음의 시간 구간의 통일체를 갖게 된다. 다른 한편으로 반성해보면, 그 자체가 시간적인 음 지속의

---

22 '이것'은 '현상학적 환원'을 지칭한다.
23 '나타남'은 의식 체험으로서의 현상이고 '나타나는 것'은 의식 체험의 대상으로서 현상하는 것이다.
24 가령 특정 구간 속에 '도-레-미'라는 멜로디가 울려 퍼진다면 이때 음의 통일체는 '도-레-미'라는 연속적 음 통일체이다.

현상은 그때그때의 자신의 현재 위상과 지나감의 위상을 가진다. 그리고 그 음 현상에서 현재 위상 하나를 끄집어내면, 그 음의 현재는 그저 대상적으로 있는 것이 아니라 음 지속의 하나의 점에 불과하다.[25]

이 정도로 일러주어도 — 상세한 분석은 장차 우리의 특수 과제에 속할 것인데 — 다음과 같은 새로운 사실에 주의를 기울이기에 이미 충분하다. 즉 음 지각의 현상, 더군다나 명증적이고 환원된 음 지각의 현상은 내재의 내부에서 **나타남**과 **나타난 것** 사이의 구별을 요구한다는 것이다. 그래서 우리는 두 개의 절대적 소여를 갖게 된다. 즉 나타남의 소여와 대상의 소여. 그런데 여기서 대상은 이러한 내재의 내부에서 내실적인 의미에서는 내재적인 것이 아니다.[26] 대상은 나타남의 부분이 아니다. 즉 음 지속의 지나간 위상은 지금 아직 대상적으로 있지만, 그럼에도 나타남의 현재 점 속에 내실적으로 포함되어 있지는 않다.[27] 그래서 우리는 보편성 의식에서 발견한 것과 동일한

---

25 '도-레-미'라는 멜로디가 울려 퍼질 때 '레'가 울리는 특정 시간 위상 하나를 끄집어내면 '레'가 울리는 시간점의 음은 '도-레-미'라는 멜로디 통일체의 대상이 아니라 '레'라는 음 지속의 하나의 점에 불과하다.

26 '도-레-미' 멜로디 통일체라는 대상은 의식 체험의 구성요소로 내실적으로 포함되어 있는 것이 아니다.

27 '도-레-미'라는 멜로디가 울려 퍼질 때 '레'가 울리는 시점에서 이미 지나간 위상의 음 '도'는 '도-레-미' 멜로디 통일체라는 대상 속에 포함되어 대상적으로 함께 의식되기는 하지만 '레'가 울리는 시점에 의식체험에 내실적으로 포함되어 있지는 않다. '도'는 이미 지나가버린 음이기 때문이다.

것 ― 그것은 내실적인 것 속에 포함되어 있지 않고 결코 코기타치오로서 발견될 수 없는 어떤 자체소여를 구성하는 의식이라는 사실 ― 을 또한 지각의 현상에서도 발견하게 된다.

고찰의 가장 낮은 단계에서, 그러니까 소박성의 견지에서는 명증은 단순한 직관, 즉 정신의 공허한 시선이고, 어디에서나 하나의 동일한 것이며 구별되지 않는 것인 양 나타난다. 직관은 바로 사물을 바라본다. 그리고 사물은 단순히 거기에 있으며, 참된 명증적 직관 속에서 의식 속에 있다. 그리고 직관은 바로 단순하게 사물을 바라본다. 혹은 다른 의미에서의 비유를 들자면 다음과 같다. 단순히 거기에 있는 무언가에 대한 직접적 파악 혹은 취함, 혹은 지시. 그래서 모든 구별은, 자체적으로 존재하면서 스스로를 통해 자신을 구별 짓는 사물 속에 있다.

그러나 이제 더 상세히 분석해보면, 사물을 직관함은 이와는 다르다는 것이 증명된다. 주의라는 명칭 아래에서 그 자체로는 기술할 수 없고 구별되지 않는 직관을 여전히 고수한다고 하더라도, 단순히 거기에 있고 그저 직관됨을 필요로 하는 사물에 대해 이야기하는 것은 원래 아무런 의미도 없고, 이러한 '단순히 거기에 있음'은 특수한, 그리고 변화하는 구조의 그 어떤 체험이라는 사실이 드러난다. 예컨대 지각, 상상, 기억, 술어화 등등이 있다. 그리고 이러한 체험들 속에서 사물은 가령 통이나 그릇 속에 있듯이 있는 것이 아니라, 체험들 속에 내실적으로는 전혀 발견될 수 없는 사물이 체험들 속에서 **구성된다.**[28] "사물이 주어져있음", 그것은 그러한 현상들 속에서 그러그러하게 자신을 **현시함**darstellen(표상됨)이다. 그리고 이때 사물은 가령 그 후에 다시 한 번 그 자체로 거기에 존재하면서 "의식 속에 그것의 대리자[29]를 보내는 것"이 아니다. 그와 같은 것은 현상학적 환원의 내부에서는 생각될 수 없으며, 사물은 존재하되 나타남 속에 존재하며 나타남에 의해 그 자체로 주어진다. 이러한 개별적 나타남(소여의식)이 문제시되지 않는 한, 사물은 나타남과 개별적으로 분리할 수 있는 것으로 있거나 혹은 그러한 것으로 여겨진다. 그러나 본질적으로, 그러니까 본질에 따라서 볼 때에는 분리할 수 없는 것이다.[30]

그래서 **인식 현상**과 **인식 대상** 사이의 이 놀라운 상관관계는 어디에서나 나타난다. 이제 우리는 현상학의 과제, 혹은 현상학의 과제와 탐구의 영역은 그저 직관하고 그저 눈만 뜨고 있으면 되는 양 그렇게 사소한 일이 아니라는 것을 알게 되었다.

---

28 우리가 사물을 지각할 때, 사물은 마치 거울에 비춰지는 것처럼 의식에 있는 그대로 반영되어 의식 체험의 대상으로 포함되는 것이 아니다. 우리가 사물을 지각할 때, 우리는 의식에 있는 그대로 내실적으로 주어지는 것을 넘어서(초월하여) 그 사물을 특정한 의미를 지닌 대상으로 파악하고 지각한다. 이렇게 주어진 것을 넘어 무언가를 특정한 의미로 파악하는 것을 구성작용이라고 한다.

29 사물은 의식에 자신의 모상이나 이미지, 표상을 보내는 것이 아니다. 사물 그 자체가 의식에 직관된다.

30 의식 체험의 지향적 대상으로서의 사물은 노에시스-노에마 상관관계 속에서 노에마로 의식 체험에 포함되어 있는 것이지, 의식 체험과 분리되어 존재하는 것이 아니다.

최초의 가장 단순한 경우들에서, 그러니까 인식의 가장 낮은 형태에서도 순수한 분석과 본질 고찰에 아주 큰 어려움들이 대치하고 있다. 이 상관관계에 대해 일반적으로 말하기는 쉽지만, 인식 대상이 인식 안에서 어떻게 **구성**되는지 그 방식을 명료하게 해명하는 일은 매우 어렵다. 이제 과제는 순수 명증과 자체소여의 범위 안에서 **모든 소여형식과 상관관계들을 추적하는 일**, 그리고 이 모든 것들을 명료하게 분석하는 일이다. 그리고 이때 물론 개별 작용들만 고찰되는 것이 아니라 작용의 복합체들, 작용들의 일치와 불일치 연관들, 그리고 거기서 나타나는 목적론도 고찰된다. 이러한 연관은 단순한 복합체가 아니라 독특하게 결합된, 말하자면 합치하는 통일체, 인식의 통일체들이다. 그리고 인식의 통일체들로서 또한 자신들의 통일적인 대상적 상관자들을 갖고 있다. 그래서 그러한 대상적 상관자들 자체도 **인식작용**에 속하고, 그것들의 유형은 인식 유형이며, 그것들에 내재하는 형식은 사유 형식이며 직관 형식이다(여기서 이 말이 칸트적 의미로 이해되어서는 안 된다).

이제는 소여들을 모든 변양에 있어서 단계적으로 추적하는 일이 필요하다. 즉 본래적인 소여와 비본래적인 소여, 단순한 소여와 종합적인 소여, 말하자면 한 번에 구성되는 소여와 그것의 본질에 따라서 오직 단계적으로만 구축되는 소여, 절대적으로 타당한 소여와 무한히 상승하는 인식 과정 속에서 하나의 소여와 타당성 충만을 주는 소여.

이러한 방식으로 우리는 마침내 초월적인 실재 대상이, 그것이 처음에 사념된 대로 어떻게 인식작용에 부합할 수 있게 되는지(자연이 어떻게 인식될 수 있게 되는지), 그리고 이러한 사념의 의미가 (그것이 경험 대상의 구성에 속하는 관련된 형식들을 갖고 있는 한) 계속되는 인식 연관 속에서 어떻게 단계적으로 충족될 수 있는지에 대한 이해에 도달하게 된다. 그러고 나서 우리는 어떻게 경험 대상이 연속적으로 구성되는지, 그리고 이러한 구성 방식이 경험 대상에 어떻게 규정되는지를 이해하고, 그것[31]은 경험대상의 본질에 의거하여 그러한 단계적 구성을 요구한다는 사실을 이해한다.

모든 학문을 규정하고 모든 학문적 소여를 구성하는 방법적 형식은 명백히 이러한 방식에 놓여 있으며, 그래서 학문 이론의 해명도, 그리고 학문 이론의 해명을 통한 모든 학문의 해명도 암묵적으로는 이러한 방식에 놓여 있다. 그러나 물론 암묵적으로만 그러한데, 즉 이러한 엄청난 해명 작업이 수행된다면 인식 비판은 개별 학문들에 대한 비판을 수행할 수 있게 될 것이며, 이로써 개별학문들의 형이상학적 평가를 수행할 수 있게 될 것이다.

그래서 그것은 소여의 문제이고, **인식에 있어서 모든 종류의 대상성들의 구성**의 문제이다. 인식의 현상학은 이중적 의미에

---

31 '그것'은 '경험대상'을 지칭한다.

서 인식 현상에 관한 학인데, 즉 한편에서는 수동적이든 능동적이든, 이러저러한 대상성들이 현시되고 의식되는 나타남, 현시함, 의식작용들로서의 인식에 관한 학이고, 다른 한편에서는 그렇게 현시되는 것으로서의 이러한 대상성들 자체에 관한 학이다. 현상이라는 말은 **나타남**과 **나타나는 것** 사이의 본질적 상관관계에 의하여 이중적인 의미를 지닌다. 파이노메논φαινόμενον이라는 그리스어는 원래 나타난 것을 의미하지만, 그럼에도 특별히 나타남 자체, 즉 주관적 현상을 지칭하기 위해 사용되었다(심리학적으로 오해할 수 있는 이 거친 표현이 허용된다면).

반성할 때는 코기타치오, 즉 나타남 자체가 대상이 되고,[32] 이것이 애매함의 형성을 조장한다. 마지막으로, 재차 강조할 필요도 없이, 인식 대상과 인식 양식들의 탐구가 이야기된다면, 이것은 언제나, 절대적 소여의 영역 내에서 궁극적인 의미와 가능성을, 그리고 인식의 대상성들과 대상성의 인식의 본질을 보편적으로 밝혀내는 본질 탐구를 의미한다.

물론 **이성의 보편적 현상학**은 또한 **가치 평가함**Wertung과 **가치**Wert 등등의 상관관계에 대해 평행하는 문제들을 해결해야만 한다. 우리가 모든 자체소여의 분석을 포괄하는 정도로까지 현상학이라는 말을 넓게 사용한다면, 감성적 소여들을 그것

---

32 반성할 때는 사유작용 자체가 또 다른 사유작용의 대상이 된다.

들의 다양한 유에 따라 분석하는 등의 산만한 자료들도 접하게 될 것이다. 여기서 공통적인 것은 직접적 명증의 영역 내에서 본질 분석의 방법적인 것에 있다.

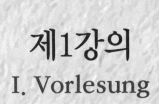

제1강의
I. Vorlesung

제1강의

1. 자연적 사고 태도와 자연적 학문

나는 이전 강의에서 **자연적 학문**과 **철학적 학문**을 구별하였다. 전자는 자연적인 정신적 태도에서 생겨나고 후자는 철학적인 정신적 태도에서 생겨난다.

자연적인 정신적 태도는 아직 인식 비판에 무관심하다. 자연적인 정신적 태도에서 우리는 직관하고 생각하면서, 인식 원천과 인식 단계에 따라 상이한 방식, 상이한 존재방식에서이긴 하지만, 그때그때 우리에게 자명하게 주어지는 사물들을 향하고 있다. 가령 지각에서는 우리의 눈앞에 물론 하나의 사물이 놓여 있다. 그것은 다른 사물들, 그러니까 생동하는 사물과 생동하지 않는 사물들, 혼이 불어넣어져 있거나 혼이 불어넣어져 있지 않은 사물들[1] 가운데에 있다. 그러니까 하나의 세계 가운데에 있는 것인데, 이 세계는 부분적으로는 개별 사물들처럼 지각의 범위에 떨어지고, 부분적으로는 기억의 연관 속에 주어지며, 또 거기에서부터 규정되지 않은 것, 그리고 알려지지 않은 것[2]으로 확장된다.

우리의 판단은 이러한 세계와 관계한다. 사물들, 사물들의 관계, 그것들의 변화, 그것들의 기능적 변화종속성과 변화 법칙들에 대해 우리는 부분적으로는 개별적 진술을, 부분적으로는 보편적 진술을 한다. 우리는 직접적 경험이 제공한 것을 표현한다. 경험 동기를 따르면서 직접적으로 경험된 것(지각된 것이나 기억된 것)으로부터 경험되지 않은 것을 추론한다. 우리는 일반화하고, 그런 후에 다시 일반적 인식을 개별적인 경우들에 양도하기도 하고, 혹은 분석적 사유에서는 일반적 인식으로부터 새로운 일반성들을 연역하기도 한다. 인식은 그저 나열되는 방식으로 인식에 그저 뒤따르는 것이 아니라 논리적 관계를 맺고, 서로 따라 나오고 서로에게 "어울리면서" 말하자면 자신들의 논리적 힘을 강화시키면서 입증된다.

다른 한편, 인식들은 서로 모순과 충돌의 관계 속으로 들어가 서로 어울리지 못하고, 그리하여 **확실한** 인식을 통해 폐기되고, 한갓 인식을 참칭하는 것들로 전락하기도 한다.[3] 모순

---

1   지각장 속에서 주목되지 않고 배경에 머물러 있는 사물들은 아직 의미의 혼이 불어넣어지지 못한 채 감각 자료의 단계에 머물러 있을 수 있다.

2   사물을 둘러싸고 있는 미규정적 지평들을 의미한다.

3   참이라고 인식되었던 것도 더 명증적이고 확실한 인식과 충돌함으로써 오류로 드러나 폐기되기도 한다.

은 아마도 순수한 술어적 형식의 법칙성의 영역에서 생겨날 것이다. 우리는 애매함들에 굴복해서 잘못된 추론을 행하고 잘못 셈하며 오산하게 되는 것이다. 이렇게 되면, 우리는 형식적 일치를 복구하여 애매성들과 그와 같은 것들을 해결해나간다.

또는 모순은 경험을 성립시키는 동기 연관들을 교란한다. 즉 경험 근거들은 경험 근거들과 싸운다. 우리는 여기서 어떻게 스스로를 도울 수 있는가? 이제 우리는 상이한 규정 가능성들과 설명 가능성들을 위한 근거들을 신중히 검토한다. 더 약한 근거들은 더 강한 근거들에 자리를 내주어야 하고, 더 강한 근거들은 그것들이 확장된 인식이 가지고 온 새로운 인식 동기들에 대항하여 유사한 논리적 싸움을 수행하여 이겨내야만 하는 것이 아닌 한, 이제 자신의 편에서 입장을 유지하는 것으로 간주된다.

자연적 인식은 이렇게 전진해 나간다. 그것은 점점 더 넓은 범위에서, 처음부터 자명하게 존재하면서 주어져 있는, 그리고 단지 범위와 내용, 요소와 관계들, 법칙들에 의거해서 더 상세하게 연구될 수 있는 현실적인 것들을 차지한다. 다양한 자연적 학문들, 그러니까 물리적, 심리적 자연에 관한 학문인 자연과학, 그리고 정신과학, 또 한편에선 수, 다양체, 관계 등등에 관한 학문인 수학적 학문이 이렇게 생겨나고 성장한다. 수학적 학문에서는 사실적 현실성들이 문제시되는 것이 아니라, 그 자체로 타당하고 그 밖에도 처음부터 의문의 여지가 없는 이념적 가능성들이 문제시된다.

자연적인 학문적 인식의 모든 단계에서 어려움들이 생겨나고 또 해결된다. 그리고 이는 바로 사태들에 놓여 있는, 말하자면 사태들이 소여들을 인식에 세운다는 **요청**으로서 사태들에서 나온 것처럼 보이는 동인이나 사유 동기에 근거하여, 순수하게 **논리적으로** 혹은 **사실적으로** 이루어진다.

2. 철학적(반성적) 사고 태도

이제 우리는 **자연적인 사유 태도** 내지는 자연적인 사유동기와 **철학적 사유 태도**를 대비시켜본다.

인식과 대상의 관계에 대한 반성이 싹트면서 깊이를 헤아릴 수 없는 어려움들이 나타난다. 인식, 자연적 사유에서 가장 자명했던 사태가 단번에 불가사의한 것으로 나타난다. 그러나 나는 더 엄밀해야 한다. 자연적 사유에서 인식의 가능성은 **자명한** 것이다. 자연적 사유는 무한히 결실을 맺으며 활동하고, 늘 새로운 학문 속에서 발견에 발견을 거듭하며 전진해나가지만 인식 일반의 가능성에 관한 물음을 제기할 어떠한 동기도 갖고 있지 않다. 사실 자연적 사유에서도 세계 속에 존재하는 모든 것처럼 **인식이 어떤 방식으로는** 문제가 되기도 한다. 즉 인식은 자연적 탐구의 대상이 되기도 한다. 인식은 자연의 사실Tatsache이고, 그 어떤 인식하는 유기체적 존재의 체험이며, 심리학적 사실Faktum이다. 인식도 다른 모든 심리학적 사실과 마찬가지로 그것의 종류와 연관 형식에 따라 기술될 수 있고, 그것의 발생적 관계들 속에서 탐구될 수 있다. 다른 한편, 인식은 본질적으로 **대상성에 관한 인식**이며, 그것도 인식을 대상성과 **관계 맺게** 해주는, 대상성에 내재적인 **의미**를 통하여 그러하다. 이러한 관계 속에서도 이미 자연적 사유가 활동하고 있다. 이러한 사유는 의미와 의미 타당성의 선험적 연관, 대상성 **자체**에 속하는 선험적 법칙성들을 **형식적** 일반성 속에서 탐구의 대상으로 삼는다. 그리하여 **순수 문법**이 생겨나고 보다 높은 단계에서는 순수 논리학(순수논리학의 다양한 가능한 경계 설정에 따른 분과 학문들의 전체 복합체)이 생겨난다. 그리고 다시 사유의 기술학으로서, 특히 과학적 사유의 기술학으로서 규범적 논리학과 실용적 논리학이 자라난다.

이와 같은 한, 우리는 여전히 **자연적** 사유의 토대 위에 서 있는 것이다.

그러나 인식의 심리학과 순수 논리학, 그리고 존재론을 대비시킬 목적으로 방금 언급했던 것, 즉 인식 체험, 의미, 대상 사이의 상관관계는 가장 심원하고 어려운 문제들의 원천이며, (하나로 말해보자면) 인식 가능성이라는 바로 그러한 문제의 원천인 것이다.

3. 자연적 태도에서의 인식 반성의 불합리

인식은 그것의 모든 형성에 있어서 하나의 심리적 체험이다. 즉 인식하는 주관의 인식이다. 이러한 인식하는 주관의 맞은편에 인식되는 대상이 서 있다. 그러나 이제 인식은 그것이 인식되는 대상과 일치함을 어떻게 확신할 수 있으며, 어떻게 자신을 넘어서 그것의 대상을 확실하게 알아맞힐 수 있는가? 인식 대상이 인식에 주어짐은 자연적 사유에게는 자명한 것이다. 그러나 그것은 이제 수수께끼가 된다. 지각에서는 지각된 사물이 직접적으로 주어진다고들 이야기한다. 사물은 그것을 지각하는 나의 눈앞에 서 있고, 나는 그것을 보고 붙잡는다. 그러나 지각은 지각하는 나의 주관의 한갓 체험일 뿐이다. 기억과 예상도 마찬가지고, 그 위에 구축된 모든 사유작용들, 즉 이를 통해 사실적 존재의 간접적 정립과 갖가지 **진리**의 확정에 이르게 되는 모든 사유작용들도 또한 주관적 체험인 것이다. 그렇다면 인식하는 자인 나는, 나의 체험, 즉 이러한 인식작용만이 존재하는 것이 아니라, 체험이 인식하는 것, 그러니까 인식 대상으로서 맞은편에 있는 것 같은 그 무언가가 도대체 존재한다는 사실을 어찌 알며, 또 그때그때 어떻게 확신할 수 있는가?

나는 "현상만이 인식하는 자에게 참되게 주어져 있고, 인식하는 자는 자신의 체험 연관을 넘어서 결코 밖으로 나올 수 없다."고 말해야 할까? 그래서 인식하는 자는 오직 "나는 존재하지만, 내가 아닌 모든 것은 그저 현상이고, 현상적 연관들로 용해되어버린다."는 말만을 참된 권리로 이야기할 수 있을까? 그렇다면 나는 유아론의 관점에 서야 하는가? 이것은 가혹하고 부당한 요구이다. 나는 흄[4]과 더불어 모든 초월적 대상성들을, 심리학으로는 설명되지만 이성적으로는 정당화될 수 없는 허구들로 환원시켜야 할까? 그러나 이것 역시 가혹하고 부당한 요구이다. 다른 모든 심리학처럼, 흄의 심리학 또한 내재의 영역을 초월하지 않는가? 흄의 심리학의 목적은 실제적인 '인상', '관념'을 초월하는 모든 것들을 허구로 격하시키려는 데로 향하고 있지만, 흄의 심리학은 습관, 인간적 본성human nature, 감각 기관, 자극 등등과 같은 명칭하에서 초월적인(흄 심리학 자신의 시인에 따른 초월적인) 존재들을 갖고서 작업하고 있는 것은 아닐까?

그러나 만약 **논리학 자체**가 **문제시**되고 의심스럽게 된다면, 모순을 증거로 끌어들이는 일이 무슨 소용이 있겠는가? 실제로 자연적 사유에서는 일체의 물음 밖에 있는 논리적 법칙성의 실재적 의미가 이제 **문제시**되고 **의심스러워지기**까지 하는

---

4 데이비드 흄(1711~1776)은 영국 경험론의 입장을 철저하게 밀고 나가 회의주의 철학에 도달한 철학자이다. 흄은 우리 의식에 존재하는 실체 관념, 자아 존재에 대한 관념, 인과율의 관념 등은 경험에서 발견될 수 없는 것으로 허구적인 것에 불과하다는 결론을 내렸다.

것이다. 일련의 생물학적 사상이 자꾸만 뇌리를 파고든다. 우리는 현대의 진화론을 떠올리게 된다. 이 이론에 따르면 인간은 가령 생존 경쟁에서 자연적 도태를 거쳐 진화했으며, 그래서 인간과 더불어 인간의 지성도, 그리고 이 지성과 함께 이 지성에 고유한 모든 형식들도, 더 자세히 말하자면 논리적 형식들도 당연히 진화해왔다는 것이다. 그에 따라 논리적 형식들과 논리적 법칙들은, 다른 것일 수도 있었을, 그리고 미래의 진화 과정 속에서 또한 다르게 될 수도 있을, 인간 종의 우연적 특성을 표현하고 있는 것이 아닌가? 그렇다면 인식은 아마도 **인간적인 지성적 형식**에 묶여 있는, **인간적 인식**에 불과하며, 그래서 사물 자체의 본성, 사물 자체와 맞아떨어질 수 없다.

그러나 즉시 재차 하나의 불합리가 튀어나온다. 그러한 견해가 작동하는 인식, 그리고 그러한 견해를 고려하는 가능성조차도 만약 이러한 상대주의 속에서 논리적 법칙이 포기된다면, 여전히 의미를 지닐 수 있겠는가? 그러그러한 가능성이 있다는 진리는, 어떤 진리와 더불어 모순을 배제하는 모순율의 절대적 타당성을 암묵적으로 전제하는 것은 아닌가?

이러한 예들로 충분할지 모른다. 인식의 가능성은 어디에서나 수수께끼가 된다. 자연적 학문과 친숙해지면, 우리는 자연적 학문이 정밀하게 발전되는 만큼 모든 것이 명료하고 자명하다고 생각한다. 우리는 대상성에 정말로 맞아떨어지는 신뢰할 만한 방법들에 근거한, 객관적 진리를 소유하고 있다고 확신한다. 그러나 우리가 반성을 하자마자, 여러 오류와 혼란에 빠지고 만다. 우리는 명백한 무익함, 그리고 심지어는 모순 속에서 혼란에 빠진다. 우리는 회의주의에 빠질 지속적인 위험 속에 놓여 있다. 혹은 더 정확히 말하자면 회의주의의 다양한 형태들 중 어느 하나에 빠질 위험에 놓여 있다. 그런데, 회의주의의 이러한 다양한 형태들의 공통적 특징은 유감스럽게도 하나의 동일한 것, 즉 불합리라는 것이다.

불명료하고 모순에 가득 찬 이러한 이론들의 집합소, 그리고 이와 관련된 끝없는 논쟁의 집합소가 **인식 이론**이며, 인식 이론과 역사적으로 그리고 사실적으로 밀접하게 관련된 **형이상학**이다. 인식 이론의 과제 혹은 이론 이성에 대한 비판은 우선은 비판적인 것이다. 이러한 비판적 과제는 인식과 인식의 의미, 인식 대상의 관계에 대한 자연적 반성이 거의 피할 수 없이 빠져드는 잘못된 오류들을 들추어내고, 인식의 본질에 관한 명백한 회의론이나 은밀한 회의론[5]을 그것들의 불합리를 지적함으로써 논박해야 한다.

다른 한편, 인식 이론의 적극적인 과제는 인식의 본질을 탐구함으로써 인식, 인식의 의미, 인식 대상의 상관관계에 속하는 문제들을 해결하는 것이다. 이러한 문제들에는 또한 인식

---

5 흄의 철학이 명백한 회의론이라면 칸트의 철학은 은밀한 회의론이라고 말할 수도 있을 것이다. 칸트는 흄을 극복하고 인식의 가능성을 설명하고자 했지만 물자체는 인식 불가능하다고 함으로써 결국 회의론적 한계를 벗어나지 못했다.

가능한 대상성들, 혹은 (같은 말이지만) 대상성 일반의 본질 의미를 해명하는 일, 즉 인식과 인식 대상성의 상관관계에 의해 선험적으로(즉 본질적으로) 규정되어 있는 의미를 해명하는 일도 속한다. 이것은 물론 인식의 본질을 통해 미리 정해진 대상성 일반의 모든 근본 형태들과도 관계한다(존재론적 형식, 형이상학적 형식 및 판단론적 형식 들).

4. 참된 인식 비판이 갖는 이중적 과제

이러한 과제를 해결함으로써 인식 이론은 인식 비판이라는 자격을 갖게 되고, 더 명확히 말하자면 모든 자연적 학문에서 **자연적 인식의 비판**이라는 자격을 갖게 된다. 인식 이론은 이제 존재자에 관한 자연적 학문의 결실을 올바르고 최종적인 방식으로 해석할 수 있는 위치에 우리를 세운다. 왜냐하면 인식 가능성(인식의 가능한 확실성 Triftigkeit[6])에 관한 자연적(선先인식 이론적) 반성이 가져온 인식 이론적 혼란은 인식의 본질에 관한 잘못된 견해를 초래할 뿐 아니라, 자연적 학문 속에서 인식된 존재에 관한 모순된 **해석들** 속에 있기도 해서 근본적으로 완전히 틀린 견해를 초래하기 때문이다. 그러한 반성의 결과 필요하다고 간주된 해석에 따라서 동일한 자연과학은 물

---

6 Triftigkeit는 인식이 인식 대상과 맞아떨어짐을 표현하는 말이다. 여기서는 '확실성'으로 번역했다.

질주의적으로, 정신주의적으로, 이원론적으로, 심리 일원론적으로, 실증주의적으로 등등 여러 가지 다른 의미로 해석된다. 그래서 인식 이론적 반성이 비로소 처음으로 자연적 학문과 철학의 분리를 낳는다. 그리고 이 인식 이론적 반성을 통해 비로소 자연적 존재 과학은 궁극적인 존재 과학이 아님이 밝혀진다. 그것은 절대적 의미에서 존재자에 관한 학문을 필요로 한다. 우리가 형이상학이라고 부르는 이러한 학문은 개별 학문들의 자연적 인식에 대한 비판에서 자라나는 것인데, 보편적 인식 비판에서 획득된 통찰로서, 인식과 인식 대상성들을 다양한 근본 형태들에 따라 통찰한 토대 위에서, 그리고 인식과 인식 대상성들 사이의 다양한 근본적 상관관계의 의미를 통찰한 토대 위에서 자라나는 것이다.

5. 인식의 현상학으로서의 참된 인식 비판

만일 우리가 인식 비판의 형이상학적 목적을 도외시하고 순수하게 **인식과 인식 대상성의 본질을 해명**하려는 과제만을 붙잡고 있다면, 그것이 **인식과 인식 대상성의 현상학**이며 현상학 일반의 최초의 근본 부분을 형성한다.

현상학, 그것은 하나의 학문을, 학문적 분과들의 하나의 연관을 지칭한다. 그러나 현상학은 동시에 그리고 무엇보다도 하나의 방법과 사유 태도, 즉 특수한 **철학적 사유태도**와 특수한 **철학적 방법**을 지칭한다.

현대 철학에서, 그것이 진지한 학문이기를 요구하는 한, 모든 학문에 공통되고 그래서 철학에도 공통되는 하나의 인식 방법이 있을 수 있다는 것은 거의 판에 박힌 말처럼 되어버렸다.

이러한 확신은 17세기 철학의 막강한 전통에 완전히 상응하는 것이다. 그리고 이 17세기 철학은 또한 철학의 모든 구제는 정밀한 학문들, 무엇보다 수학과 수학적 자연과학을 방법적 모범으로 삼는 데 달려 있다고 생각했다. 철학과 다른 학문들을 실질적으로 동등시하는 것도 이러한 방법적인 면과 관련이 있다. 그리고 사람들은 철학, 더 상세히 말하자면 최고의 존재론과 학문이론이 그 밖의 모든 다른 학문들과 관계를 맺을 뿐 아니라 그러한 학문들의 성과 위에 근거한다는 의견을 분명 현재에도 여전히 지배적인 의견으로 간주한다. 즉 그 밖의 학문들이 서로에 근거하고, 하나의 학문의 성과가 다른 학문의 전제로 기능할 수 있는 것과 동일한 방식으로 그렇다는 것이다. 나는 인기를 끌던 견해, 즉 인식 심리학과 생물학을 통해 인식 이론을 정초하려던 견해가 생각난다. 오늘날 이러한 치명적인 선입견에 대한 반응들이 쌓이고 있다. 실제로 그것은 선입견들이다.

6. 철학의 새로운 차원: 과학에 대립하는 철학 고유의 방법

자연적 탐구 영역에서는 하나의 학문이 다른 학문 위에 어려움 없이 곧장 세워질 수 있고, 하나의 학문이 다른 학문에 방법적 모범으로 도움을 줄 수도 있다. 물론 그때그때의 탐구 영역의 본성에 의해 규정되고 제한되는 특정한 범위 내에서 그렇긴 하지만 말이다. **그러나 철학은 완전히 새로운 차원 속에 놓여 있다.** 철학은 완전히 새로운 **출발점**을 필요로 한다. 그리고 철학을 일체의 '자연적' 학문과 원리적으로 구별시키는 완전히 새로운 방법을 필요로 한다. 여기에는 다음과 같은 사실이 놓여 있다. 즉 자연적 학문에 통일성을 부여하는 논리적 처리 방식은 학문에서 학문으로 변화해가는 모든 특수한 방법들에도 불구하고 하나의 통일적인 원리적 성격을 갖는다는 사실, 그리고 철학의 방법적 처리 방식이 원리적으로 새로운 통일체로서 이에 대립해 있다는 사실이다. 그리고 다시 여기에는 다음과 같은 사실이 놓여 있다. 즉 전체 인식 비판과 '비판적' 분과학문들 일반 내부에 있는 **순수** 철학은 자연적 학문 속에서 그리고 학문적으로 조직되지 않은 자연적 앎과 지식 속에서 수행되는 정신적 작업 일체를 도외시해야 하고 그것들을 어떤 방식으로도 사용해서는 안 된다는 사실이다.

이러한 가르침은 (앞으로 상술하면서 더 자세히 논증하겠지만) 우선 다음과 같은 고찰을 통해 이해할 수 있다.

인식 비판적 반성(학문적 인식 비판 앞에 놓여 있으면서 자연적 사유 방식 속에서 수행되는 최초의 반성)이 필연적으로 야기하는 회의론적 매개 Medium[7] 속에서, 모든 자연적 학문과 자연적인 학문 방법은 더 이상 유효하게 여겨지지 않는다. 왜냐하면 인식 일반의 객관적 확실성은 의미와 가능성에 따라서 볼 때 수수께끼 같은 것이 되며 그래서 이제 의심스러운 것이 되어버리기 때문이다. 이때 정밀한 인식이 정밀하지 않은 인식보다 덜 수수께끼 같은 것이 아니며, 학문적 인식이 학문 이전의 인식보다 덜 수수께끼 같은 것이 아니다. 인식 가능성, 더 자세히 말하자면, 인식이 그 자체로 존재하는 대상성들에 어떻게 부합할 수 있는지 그 가능성이 문제시된다. 그러나 그 배후에는 다음과 같은 사실이 놓여 있다. 즉 인식의 수행, 인식의 타당성이나 권리 주장의 의미, 타당한 인식과 한갓 참칭하는 인식 사이의 구별의 의미가 문제시된다. 그리고 인식되든 인식되지 않든, 그것인 바대로 존재하고, 대상성으로서 가능한 인식의 대상이며, 사실상 인식되지 않았고 인식되지 않을 것이라도 원리적으로는 인식 가능하며, 원리적으로 지각가능하고 표상될 수 있고 판단하는 가능적 사유 안에서 술어를 통해서 규정될 수 있는 등의 그러한 대상성의 의미가 또한 문제시된다.

---

7 모든 인식 비판은 철저히 진행될 경우, 처음에는 인식적 회의에 봉착한다. 인식론에서 '회의'란 인식론의 전개 과정에서 필연적으로 거쳐가게 되는 하나의 과정, 매개인 것이다. 이는 데카르트의 방법적 회의에서도 잘 나타난다.

그러나 자연적 인식에서 꺼내어진, 그리고 자연적 인식 속에서 여전히 매우 "정밀하게 근거지어진" 전제들을 가지고 작업하는 것이 인식 비판적 의구심을 해결하고 인식 비판적 문제들에 대답하는 데 어떻게 도움을 줄 수 있는지는 알 수가 없다. 만일 자연적 인식 **일반**의 의미와 가치가 **모든** 방법적 준비 및 정밀한 근거 놓기 Begründung와 더불어 문제시된다면, 이것은 또한 자연적 인식에서 출발점으로 취해진 모든 명제들, 그리고 자칭 정밀하다고 하는 모든 근거 놓기의 방법들에도 적용된다. 가장 엄밀한 수학과 수학적 자연과학도 여기에서는 일반적인 경험의 그 어떤 실제적인 인식이나 자칭 인식이라고 하는 것들에 대해서 최소한의 우선권도 갖지 못한다. 따라서 다음과 같은 사실이 분명해진다. 즉 (인식 비판에서 시작하며 그밖의 모든 것들과 더불어 인식 비판에 뿌리박고 있는) 철학은 정밀한 학문들을 따라서 방법적으로(혹은 심지어 사실적으로!) 방향을 정해야 하고 정밀한 학문들의 방법을 모범으로 삼아야 하며, 철학에 속하는 일은 모든 학문들에 원리적으로 동일한 방법에 따라 정밀한 학문들이 수행했던 작업을 그저 계속해 나가고 완성하기만 하면 된다는 이런 식의 이야기는 과연 있을 수가 없다. 반복해서 말하자면 철학은 모든 자연적 인식에 대립하는 하나의 **새로운 차원** 속에 놓여 있다. 그리고 이미 비유적인 말 속에 놓여 있듯이 이 차원은 낡은 차원들과 본질적인 관련을 맺고 있긴 하지만, 이 차원에는 '자연적' 방법과는 대립하는 하나의 **새로운**, 근본적으로 새로운 **방법**이 상응한다. 이러한 사실을 부정하는 사람은 인식 비판에 고유한 문제 층 전체를 이해하지 못한 것이며, 그래서 철학이 본래적으로 하고자 하는 것과 해야만 하는 것이 무엇인지, 그리고 모든 자연적 인식과 학문에 대립하여 철학에 그 독자적 특성과 고유한 권리를 부여해주는 것이 무엇인지를 이해하지 못한 것이다.

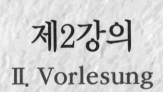

제2강의

II. Vorlesung

제2강의

1. 인식 비판의 출발점: 모든 앎을 의심할 것

인식 비판을 시작하면서 전체 세계, 물리적·심리적 자연, 결국에는 고유한 인간적 자아까지도 이러한 대상성들과 관계하는 모든 학문들과 더불어 **의문스러움**Fraglichkeit의 목록에 올려야 한다. 그것들의 존재와 타당성은 해결되지 않은 채로 남아 있다.

이제 문제는 인식 비판이 어떻게 확립될 수 있는가이다. 인식의 학문적 자기 이해로서 인식 비판은 인식이 본질적으로 무엇인지, 인식에 귀속되는 대상성들과의 관계라는 의미 속에 무엇이 놓여 있는지, 만약 인식이 진정한 이해 속에서의 인식이어야 한다면 대상적인 타당성이나 확실성Triftigkeit의 의미에는 무엇이 놓여 있는지를 학문적으로 인식하고 객관화하면서 규명해내고자 한다. 인식 비판이 수행해야만 하는 판단중지는, 모든 인식을 문제 삼고 그래서 자신의 고유한 인식까지도 문제 삼으며, 어떠한 소여도, 그 자신이 규명한 그러한 소여까지도 타당한 것으로 남겨두지 않는 것에서 시작하긴 하지만 그저 거기에 머물러 있음을 뜻할 수 없다. 만일 인식 비판이 어떠한 것도 **미리 주어진 것**으로 전제해서는 안 된다면,[1] 다른 곳에서 검토하지 않고 가져온 것이 아니라 그 자신이 스스로에게 부여하고, 그 자신이 최초의 것으로 정립한 그 어떤 인식에서 시작해야만 한다.

이 최초의 인식은 불명료하고 의심스러운 어떠한 것도 포함해서는 안 된다. 그렇지 않다면 인식들은 수수께끼 같으며 의심스러운 성격을 띠게 될 텐데, 그렇게 된다면 결국 우리는 인식 일반이 문제이며, 인식 일반은 이해할 수 없고 해명을 요구하며 그 요구에 따라서 볼 때 의심스러운 일이라고 말하게 하는 곤란한 상황 속에 처하게 될 것이다. 상관적으로 표현해 본다면 다음과 같이 이야기할 수 있다. **그 자체로** 존재하면서도 **인식 속에서 인식되는** 존재가 어떠한 의미를 가질 수 있는지 우리가 이해하지 못하는 인식 비판적 불명료함을 지니고 있다는 이유로 어떠한 존재도 미리 주어진 것으로 받아들여서는 안 된다면, 모든 물음의 직접적 대답이 발견되고 발견되어

---

1 현상학은 미리 주어진 어떠한 이론이나 전통도 전제하지 않는다. 이는 현상학의 무전제성의 원리를 보여준다. 엄밀한 자기 책임성에 입각한 철학은 자기 자신 이외의 것이 아니라 자기 자신에게서 스스로의 타당성의 토대를 찾는다.

야만 하는 완전한 명료성 곁에 존재하는 방식으로 주어지는
한, 절대적으로 주어지며 의심할 여지가 없는 것으로 우리가
인정해야만 하는 어떤 존재가 제시되어야만 한다.

2. 데카르트의 의심의 성찰과 관련하여
   절대적으로 확실한 토대의 확보

이제 데카르트의 의심의 성찰을 상기해보자. 나는 오류와
착각의 여러 가능성들을 숙고하면서 결국 아무것도 나에게
확실하지 않으며 모든 것이 의심스럽다고 말하게 되는 그러
한 회의적인 절망 속으로 빠져들어 갈지 모른다. 그러나 그럼
에도 불구하고 모든 것이 나에게 의심스러울 수는 없다는 사
실이 즉시 자명해진다. 왜냐하면 모든 것이 의심스럽다고 그
렇게 판단하는 동안에 판단하고 있다는 그 사실은 의심스럽
지 않기 때문이다. 그래서 보편적 회의를 고집하려는 것은 불
합리한 일이 될 것이다. 그리고 어떤 특정한 회의의 각각의 경
우들에서도 내가 그렇게 회의하고 있다는 사실은 의심할 여
지없이 확실하다. 그리고 이것은 모든 코기타치오의 경우들
에서도 마찬가지이다. 내가 어떤 방식으로 지각하고 표상하
고 판단하고 추론하든, 그리고 이러한 작용들이 확실성의 상
태에 있든 불확실성의 상태에 있든 대상성들을 갖든 갖지 않
든지, 지각과 관련해서는 내가 그러저러한 것을 지각한다는

사실 자체는 절대적으로 명료하고 확실하며, 판단과 관련해서는 내가 그러저러한 것을 판단한다는 사실 자체는 절대적으로 명료하고 확실하다.

데카르트는 다른 목적을 위해 이러한 숙고를 행했다. 그러나 우리는 그러한 숙고를 여기서 적절히 변형하여 사용할 수 있다.

인식의 본질에 대해 질문해보면, 그것이 확실성에 있어서 의심스러움의 성격을 띠든지 확실성 자체의 성격을 띠든지 간에, 인식은 우선 우리에게 절대적으로 주어질 수 있고 또 개별성 속에서 그때그때 절대적으로 주어질 수 있는 다양한 형태의 존재 영역에 대한 명칭이다. 더 자세히 말하자면 내가 실제로 수행하는 사유 형태들은, 그것을 **반성**하고 그것을 **순수하게 직관**하면서 받아들이고 정립하는 한, 나에게 주어진 것이다. 나는 막연한 방식으로 인식에 대해, 지각, 표상, 경험, 판단, 추론 등등에 대해 말할 수 있다. 그런데 이제 내가 반성해보면, 인식, 경험, 판단 등등에 관한 막연한 말과 생각이라는 이 현상은, 물론 다만 주어진 것이지만 그러나 또한 절대적으로 주어진 것이다. 막연함이라는 이 현상은 이미 가장 넓은 의미에서의 인식이라는 명칭에 포함되는 것 중 하나이다. 그러나 나는 또한 지각을 실제로 수행할 수도 있고 바라볼 수도 있다.[2] 더 나아가 상상이나 기억 속에서 지각을 현재화시킬 수도 있고 이러한 상상소여 속에서 지각을 바라볼 수도 있다. 그러면 더 이상 지각에 대한 공허한 말이나 막연한 생각, 표상을 갖는 것이 아니라 지각이 현실적 혹은 상상소여로서 내 눈앞에 서 있게 된다. 그리고 이것은 모든 지적인 체험, 모든 사유 형태와 인식 형태에서도 마찬가지이다.

나는 여기서 직관하는 반성적 지각과 상상을 같이 함께 엮었다. 데카르트적 성찰에 따르면 우선은 지각이 해명되어야 할 것이다. 이것은 전통적 인식 이론의 소위 내적 지각에 어느 정도 상응하는 것인데, 이는 물론 애매한 개념이다.

3. 절대적 소여성의 영역

모든 지적 체험과 모든 체험 일반은, 그것이 수행되면서 순수 직관과 파악의 대상이 될 수 있다. 그리고 그러한 체험은 이러한 직관 속에서 절대적 주어짐(소여)[3]이다. 체험은 존재자로서, '거기에 이것'[4]으로서 주어지며, 그 체험의 존재를 의심하는 것은 전혀 이치에 맞지 않는다. 나는 체험이 어떤 종류의 존재인

2 나는 어떠한 사태를 직접 지각하지 않고 그저 막연하게 생각할 수도 있고 직접 지각할 수도 있다. 마찬가지로 나는 어떠한 지각 자체를 막연하게 생각할 수도 있고, 그러한 지각 자체를 직접 수행할 수도 있으며, 지각을 수행하면서 그 지각 자체를 반성적 시선 속에서 직접 바라보며 직관할 수도 있다.
3 의식 체험이 또 다른 의식 체험의 대상이 될 때, 대상으로서의 의식 체험은 그러한 의식 체험을 의식하는 반성적 의식 체험과 무매개적 통일을 이룸으로써 그 자체가 절대적으로 주어진다. 그러나 외부 사물과 같은 초월적 대상은 절대적으로 주어지지 않고 언제나 관점적으로, 음영지어 주어진다.

지, 그리고 이러한 존재 방식이 다른 존재 방식과 어떠한 관련을 맺는지 숙고할 수 있고, 더 나아가 **여기서** '주어짐'이 무엇을 의미하는지 숙고할 수 있다. 그리고 계속 반성을 수행하면서, 직관 자체가 나에게 직관으로 올 수 있는데, 이러한 직관 속에서 이러한 주어짐 내지는 이러한 존재방식이 구성되는 것이다. 그러나 나는 이때 절대적인 근거 위에서 계속 움직이고 있는 것이다. 즉 이러한 지각은 그것이 지속하는 한 하나의 절대적인 것, '거기에 이것', 그 무엇이며, 그러한 것으로 남아 있다. 지각은 그 자체 그것인 바대로 존재하면서, 존재와 주어져 있음이라는 것이 무엇을 의미할 수 있고 또 여기서 의미해야 하는지를 측정할 수 있는 마지막 척도와 같은 것이다. 물론 최소한 '거기에 이것'을 통해 예시되는 존재성질 Seinsartung과 소여성질에 대해서 그러하다. 그리고 이는 그것들이 어디에서 주어지든 모든 특수한 사고 형태들에 대해서 타당하다. 그러나 이러한 사고 형태들 모두는 또한 상상 속의 소여들일 수도 있다. 그러한 사고 형태들은 '흡사' 눈앞에 서 있는 듯이 있을 수 있다. 그러나 그럼에도 불구하고 현실적 aktuelle 현재성들 Gegenwärtigkeiten로서, 현실적으로 수행된 지각, 판단 등등으로서 거기에 서 있을 수는 없다. 이제 그것들은 또한 어떤 특정한 의미에서 주어진 것들 Gegebenheiten이다. 그것들은 **직관적으로**

---

4 '거기에 이것'은 지금 의식에 주어지고 있는 개별적인 의식 체험 자체를 가리킨다.

거기에 서 있다. 우리는 한갓 막연한 암시, 공허한 사념 속에서 그것들에 대해 이야기하고 있는 것이 아니다. 우리는 그것들을 직관하고 직관하면서 그것들의 본질, 구성, 내재적 특성들을 끄집어내어 직관할 수 있고, 우리의 말을 명료성의 직관된 충만Fülle에 순수하게 맞출 수 있다. 그러나 이는 즉시 본질 개념과 본질 인식에 대한 상론을 통해 보충되기를 요구할 것이다.

절대적 소여의 영역이 처음부터 스스로를 특징짓게 한다고 잠정적으로 확정해보자. 인식 이론의 목표가 가능해야만 한다면, 그것이 바로 우리가 필요로 하는 영역이다. 실제로 그 의미나 본질과 관련하여 인식에 관한 불명료성이 인식의 학문, 말하자면 다름 아니라 인식을 본질적 명료성으로 가져오고자 하는 그러한 학문을 요구하는 것이다. 이 학문은 인식을 심리학적 사실로서 설명하고자 하는 것도 아니고, 그 아래에서 인식이 발생하고 사라지게 되는 그러한 자연조건을 탐구하려는 것도 아니며, 인식의 생성과 변화 속에 묶여 있는 자연 법칙을 탐구하려는 것도 아니다. 이것을 탐구하는 일은 자연적 학문, 그러니까 심리적 사실들에 관한, 그리고 체험하는 심리적 개체들의 체험에 관한 자연과학이 스스로에게 설정하는 과제다. 오히려 인식 비판은 인식의 본질, 그리고 인식의 본질에 속하는 타당성의 권리 주장을 명료하게 밝히고자 한다. 그러나 이는 직접적 자체소여로 가져온다는 것과는 다른 것을 뜻한다.

4. 반복과 보충:
인식 비판의 가능성을 부정하는 논변에 대한 반박

반복과 보충. 다양한 학문 분야에서 지속적이고 성공적으로 전진하는 자연적 인식은 그것의 확실성을 완전히 확신하고 있으며, 인식의 가능성과 인식된 대상의 의미에 대해 문제를 발견하려는 어떠한 동기도 갖지 않는다. 그러나 반성이 인식과 대상성의 상관관계를 향하자마자(그리고 경우에 따라서 한편에서는 인식작용과의 관계 속에서 인식의 이념적 의미 내용을 향하고 다른 한편에서는 인식 대상성의 이념적 의미 내용을 향하면서), 어려움들, 해로운 것들, 모순되지만 그럼에도 불구하고 자칭 정초되었다고 하는 이론들이 나타난다. 그러나 이 이론들은 결국 그 확실성과 관련하여 인식 일반의 가능성이 수수께끼라는 고백에 빠져들게 된다.

여기서 하나의 새로운 학문이, 이러한 혼란을 해결하고 인식의 본질을 해명하고자 하는 인식 비판이 생겨나고자 한다. 형이상학, 즉 절대적이고 궁극적인 의미에서의 존재의 학문 가능성은 명백히 이러한 학문의 성공에 달려 있다. 그러나 인식 일반에 관한 그러한 학문이 어떻게 확립될 수 있을까? 이 학문은 학문이 의문시하는 것을 미리 주어진 기반으로 사용할 수 없다. 그러나 인식 비판은 인식 일반의 가능성을 확실성과 관련하여 문제로 설정하기에 모든 인식이 의문시된다. 인식 비판이 시작되면, 어떠한 인식도 인식 비판에 주어진 것으로 간주될 수 없다. 그래서 인식 비판은 선先학문적 인식 영역으로부터 그 어떠한 것도 넘겨받아서는 안 된다. 모든 인식이 의문스러움Fraglichkeit이라는 색인을 지니게 된다.

출발점으로 주어지는 인식 없이는 어떠한 인식도 전진해갈 수 없다. 그래서 인식 비판도 전혀 출발할 수가 없다. 그와 같은 학문은 아예 존재할 수 없게 되는 것이다.

나는 지금 처음에는 어떠한 인식도 **검토되지 않은 채** 미리 주어진 것으로 간주될 수 없다는 점이 아주 옳다는 것을 의미했다. 그러나 인식 비판이 처음부터 어떠한 인식도 넘겨받아서는 안 된다면, 스스로에게 인식을 **제공**하는 것으로 시작할 수 있다. 물론 이러한 인식은 인식 비판이 정초한 인식이 아니며, 이전에 주어져 있어야만 할 직접적 인식이 요구하게 될 것을 논리적으로 유도하는 그러한 인식도 아니다. 이러한 인식은 인식 비판이 직접적으로 제시하는 인식이며 절대적으로 명료하게 의심할 여지없이 그 가능성에 대한 모든 회의를 배제하며, 모든 회의주의적 혼란에 동기를 부여했던 수수께끼와 같은 어떠한 것도 전적으로 포함하지 않는 그러한 종류의 인식이다. 나는 지금 **데카르트의 회의의 성찰**을 언급했고, 절대적 소여들의 영역 내지는 코기타치오의 명증이라는 명칭 아래에서 파악되는 절대적 인식의 범위를 언급했다. 이제 다음의 사실이 더 상세히 밝혀져야 한다. 즉 이러한 인식의 **내재**가 그것을 인식 이론의 출발점으로 기능하는 데 적합하도록 만든다는 것과 더 나아가 인식 이론은 **이러한 내재를 통해 모든 회의주의적 곤경의 원천인** 그러한 수수께끼 같은 것들로부터 자유로워진다는 사실, 그리고 결국 **내재 일반이 모든 인식론적 인식의 필연적 특징이라는 점**, 처음뿐만 아니라 일반적으로, 초월의 영역에서 빌려온 모든 것, 바꾸어 말하면 인식론을 심리학이나 그 무엇이 되었든 자연적 학문 위에 근거지우려는 모든 시도는 **무의미**nonsens하다는 사실이 더 자세히 밝혀져야 한다.

보충적으로 다음의 말을 덧붙인다. 다음과 같은 그럴듯한 논변이 있다. '인식론은 인식 일반을 의문시하는데 도대체 어떻게 시작할 수 있는가? 왜냐하면 모든 출발하는 인식도 인식으로서 의문시되기 때문이다. 인식론에 모든 인식이 수수께끼라면 인식론이 갖고서 시작하는 최초의 것도 역시 수수께끼일 것이다.' 그렇지만 나는 이 그럴듯한 논변은 물론 잘못되었다고 이야기한다. 착각은 말의 모호한 보편성에서 생겨난다. 인식 일반이 '문제시된다는 것'은 인식 일반이 존재한다는 사실이 부정됨을 뜻하지 않는다. (이는 모순에 이를 것이다.) 그것은 오히려 인식이 어떠한 문제를 포함하고 있음을 의미한다. 즉 인식에 귀속되는 어떤 확실성의 수행이 어떻게 가능한가 하는 문제를 인식이 포함하고 있음을 의미한다. 그것이 가능한지 어떤지에 대해서는 나조차도 의심한다. 그러나 나 스스로 의심할지라도, 그러한 회의를 근거 없는 것으로 만드는 확실한 인식이 제시됨으로써 이러한 회의를 즉시 폐기하는 데에서 최초의 일보가 있을 수 있다. 더 나아가 만약 내가 인식 일반을 이해할 수 없다는 것에서 시작한다면, 이러한 이해할 수 없음은 그것의 무규정적 일반성 속에 물론 모든 인식을 포함할 것이다. 그러나 그것은 내가 미래에 부딪히게 될 모든 인식이 영원히 나에게 이해할 수 없는 것으로 남을 수밖에 없음을 뜻하지는 않는다. 도처에서 우선 끈질기게 떠오르는 인식 부류들에서 커다란 수수께끼가 생겨나서 이제 일반적 당혹감 속에서 인식 일반이 수수께끼라고 말할 수는 있겠다. 그러나 그러는 동안 어떤 다른 특정한 인식에는 수수께끼가 내재해 있지 않음이 즉시 드러난다. 그리고 우리가 살펴보게 되겠지만 그것은 실제로 그러하다.

나는 인식 비판이 시작해야만 하는 인식은 불확실성이나 의심스러운 점을 아무것도 갖고 있어서는 안 되며, 우리를 인식 비판적 혼란에 빠뜨리고 인식 비판 전체를 밖으로 몰아세우는 어떠한 것도 포함해서는 안 된다고 이야기하였다. 우리는 이것이 코기타치오의 영역에 대해서도 맞다는 사실을 보여야 한다. 그러나 이렇게 하기 위해서는 보다 깊은 반성이 요구되며, 이러한 반성은 우리에게 본질적 탐구들을 가져올 것이다.

5. 자연적 인식의 수수께끼: 초월

그처럼 수수께끼 같은 것이 무엇인지, 그리고 인식의 가능성에 대해 가장 먼저 떠오르는 반성에서 우리를 당혹감에 빠뜨리는 것이 무엇인지를 자세히 살펴보면, 그것은 인식의 초월이다. 모든 자연적 인식은 선先학문적 인식도, 더욱이 학문적 인식도 초월적으로 객관화하는 인식이다. 자연적 인식은 대상을 존재하는 것으로 정립하고, 인식에 '진정한 의미에서 주어져 있지' 않은, 인식에 '내재적'이지 않은 사태들을 인식하여 맞히기를 요구한다.

6. 내재와 초월이라는 두 개념의 구분

더 자세히 살펴보면 물론 **초월**은 **이중적 의미**를 지닌다. 초월은 인식 대상이 인식작용 속에 내실적으로 포함되어 있지 않음을 의미할 수 있다. 그러면 내실적으로 포함되어 있음은 '진정한 의미에서 주어진' 혹은 '내재적으로 주어진'이란 말로써 이해될 수 있으리라. 인식작용, 코기타치오는 내실적 계기들을 갖고 있고, 그것들은 내실적으로 구성한다. 그러나 코기타치오가 생각하고 또 자칭 지각한다거나 기억한다고 하는 사물은 코기타치오 자체 내에서 체험으로서, 부분으로서, 실제로 그 속에 존재하는 것으로서 내실적으로 발견될 수 없다.

그래서 물음은 다음과 같은 것이다. 체험은 말하자면 어떻게 자기 자신을 넘어설 수 있는가? 따라서 내재적이란 말은 여기서 인식 체험 속에 **내실적으로 내재적임을 뜻한다.**

그러나 또 하나의 초월이 있다. 이 초월의 반대 개념은 완전히 다른 개념의 내재인데, 이 내재는 곧 **절대적인 명료한 소여, 절대적 의미에서의 자체소여**를 뜻한다. 모든 중요한 회의를 배제한 이러한 주어짐, 생각된 대상성 자체를 그것이 존재하는 방식대로 완전히 직접적으로 직관하여 파악함이 엄밀한 의미에서의 명증의 개념, 그것도 직접적 명증으로 이해된 명증의 개념을 형성한다. 명증적이지 않은 모든 인식, 대상적인 것을 사념하고 정립하기는 하나 **그 자체로 직관하지 않는** 인식은 두 번째 의미에서 초월적이다. 그러한 인식 속에서 우리는 그때그때 **진정한 의미에서 주어진 것을 넘어서, 직접적으로 직관할 수 있고 파악할 수 있는 것을 넘어선다.** 여기에 다음과 같은 질문이 있다. 인식이 어떻게 자기 안에 직접적으로 참되게 주어지지 않은 무언가를 존재하는 것으로 정립할 수 있는가?

이 두 가지 내재와 초월 개념[5]은 인식 비판적 숙고가 더 깊이 생겨나기 전에는 우선은 서로 혼란된 상태에 있다. 내실적 초월의 가능성에 관한 첫 번째 물음을 던지는 사람은 원래 명

---

5 후설은 계속해서 내실적 내재가 내재의 전부가 아님을 강조한다. 내실적으로는 초월이면서도 지향적으로는 내재인 것들이 있기 때문이다. 이와 상관적으로 초월 개념도 내실적 초월과 순수 초월 개념으로 나뉘게 된다.

증적 소여의 영역을 넘어서는 초월의 가능성에 관한 두 번째 물음도 함께 문제 삼는다는 사실이 명백하다. 즉 그는 암암리에 다음을 가정하고 있다. 즉 실제로 이해할 수 있고, 의문의 여지가 없으며 절대적으로 명증적인 유일한 소여가 인식작용에 **내실적으로 포함된 계기들의** 소여일 것이라고 말이다. 그 때문에 그에게는 인식된 대상성에서 인식작용 속에 내실적으로 포함된 것이 아닌 모든 것이 수수께끼처럼 문제적인 것으로 여겨진다. 우리는 곧 이것이 치명적인 오류임을 보게 될 것이다.[6]

7. 인식 비판의 최초의 문제: 초월적 인식의 가능성

사람들은 이제 초월을 하나의 의미 혹은 다른 의미로 혹은 우선은 다양한 의미로 이해할지 모른다. 그것은 인식 비판의 출발이 되는 주도적 물음이며, 자연적 인식의 길에서 마주치는 수수께끼이자 새로운 탐구에 대한 동력을 형성하는 수수께끼이다. 인식 일반의 본질에 관한 일반적 문제를 인식 비판의 주제로 특징짓는 대신에, 처음에 이와 같은 문제를 해결하는 것을 인식 비판의 과제로 특징짓고, 이를 통해 새로운 학문 분과에 최초의 잠정적 경계설정을 부여할 수 있을 것이다.

---

6 내실적 내재뿐만 아니라 지향적 내재도 명증의 영역에 포섭된다.

이제 어쨌든 이러한 학문 분야를 최초로 확립하는 데 수수께끼가 있다면, 이제 무엇이 미리 주어진 것으로 요구되어서는 안 되는지가 보다 상세히 규정되어야 한다. 즉 이에 따르면 초월적인 것은 미리 주어진 것으로 사용되어서는 안 된다.

만약 내가 인식이 자신에 초월적인 무언가와 맞아떨어진다고 하는 것이 어떻게 가능한지를 깨우치지 못한다면, 그러한 맞아떨어짐이 가능한지의 여부도 알지 못한다. 초월적인 실존의 학문적 정초는 이제 더 이상 나를 도와주지 못한다. 왜냐하면 모든 간접적 정초는 직접적인 정초로 돌아가며 직접적인 것은 이미 수수께끼를 포함하고 있기 때문이다.

그럼에도 불구하고 아마 누군가는 다음과 같이 이야기할 것이다. 간접적 인식처럼 직접적 인식도 수수께끼를 포함하고 있다는 것이 확실하다고. 그러나 **그것이 그렇다는 사실은** 절대적으로 확실한 반면, **어떻게 그러한지는** 수수께끼이다. 이성적인 사람은 누구라도 세계의 실존에 대해 의심하지 않을 것이며, 회의주의자는 자신의 실천을 통해 스스로의 거짓을 꾸짖을 것이다.[7] 이제 좋다. 그러면 우리는 회의주의자에게 보다 강력하고 더 넓게 다다르는 논변으로 대답해보자. 그것은 인식론을 **시작할 때** 초월적으로 객관화하는 자연적 학문 일반의 내용을 끌어들여서는 안 됨을 증명할 뿐 아니라 **인식론 전**

---

7 외부 세계가 존재함을 의심하거나 부정하는 회의주의자도 실천적으로는 현실적 세계와 삶 속에서 일상생활을 영위해간다.

체의 진행 과정에서도 그렇게 하면 안 된다는 것 역시 증명해주기 때문이다. 그러니까 그러한 논변은 **인식이론은 결코 그 어떠한 종류의 자연적 학문 위에서도 건립될 수 없다는** 근본적 테제를 증명해줄 것이다. 그래서 우리는 상대편이 그의 초월적 앎을 가지고 무엇을 하려고 하는지 묻는다. 우리는 그에게 객관적 학문의 초월적 진리의 전체 비축물을 자유롭게 처분할 수 있도록 하고, 초월적 학문이 어떻게 가능한가 하는 솟아오른 수수께끼를 통해서도 초월적 학문들의 진리치가 변함없다고 생각해본다. 그는 이제 모든 것을 포괄하는 지식을 가지고 무엇을 시작하고자 하는가? 그는 '그렇다는 사실'로부터 '어떻게 그러한지'로 어떻게 올 작정인가? 초월적 인식이 실제적이라는 사실로서의 그의 앎은 초월적 인식이 가능하다는 사실을 논리적으로 자명한 것으로 그에게 보증한다. 그러나 수수께끼는 바로 초월적 인식이 **어떻게** 가능한가이다. 그는 모든 초월적 인식을 혹은 그 어떠한 초월적 인식을 전제로 한다고 하더라도 모든 학문의 정초 자체에 근거하여 이러한 수수께끼를 해결할 수 있을까? 생각해보자. 그에게 도대체 아직 본래적으로 결여되어 있는 것은 무엇인가? 물론 그에게는 초월적 인식의 가능성이 자명하다. 그러나 다만 분석적으로 자명할 뿐이다. 왜냐하면 그는 초월적인 것에 관한 앎이 나에게 존립한다고 스스로에게 말하기 때문이다. 그에게 결여된 것은 명백하다. 그에게는 초월과의 관계가 불명료하고, 인식과 지식에 귀속된 '초월적인 만남'이 불명료하다. 그에게 명료성은 어디에 있으며 또 어떻게 있을 것인가? 이제 그에게 이러한 관계의 본질이 그 어딘가에서 **주어진다면**, 그가 그것을 직관할 수 있고, 확실성이라는 말이 드러내는 인식과 인식 대상의 통일체를 그 자체 눈앞에 가질 수 있게 된다면, 그래서 그것으로 인식의 가능성에 관한 앎뿐만 아니라 이러한 가능성을 명료한 소여 속에서 가질 수 있다면 그러할 것이다. 그 가능성 자체는 그에게 바로 초월적인 것으로 알려진 것이긴 하지만 그것 자체가 주어진 직관된 가능성은 아닌 것으로 여겨진다. 그의 생각은 명백히 다음과 같다. 즉 인식은 인식 대상과는 다른 것이다. 왜냐하면 인식은 주어져 있지만, 인식 대상은 주어져 있지 않기 때문이다. 그럼에도 불구하고 인식은 대상과 관계해야 하고, 대상을 인식해야 한다. 나는 이러한 가능성을 어떻게 이해할 수 있을까? 물론 대답은 다음과 같다. 그 관계가 그 자체 직관되는 무언가로 주어질 때만 나는 그것을 이해할 수 있을 것이다. 대상이 초월적인 것이고 또 그러한 것으로 남아 있다면, 그리고 인식과 대상이 실제로 서로 떨어져 있다면, 그는 당연히 여기서 아무것도 볼 수 없고, 이제 심지어 초월적 전제들로부터의 귀납추리를 통해 어떻게든 명료해지려는 그의 희망은 방법상 명백히 어리석은 짓이 되고 말 것이다.

그는 이렇게 생각하면서 물론 당연한 귀결로서 그의 출발점도 포기해야만 할 것이다. 그는 이러한 상황 속에서는 초월적인 것에 대한 인식이 불가능하며 그러한 것에 관한 자칭 앎이라고 하는 것도 오해임을 인정해야만 할 것이다. 문제는 이제 더 이상 초월적 인식이 어떻게 가능한가가 아니라 초월적 작업 수행이 인식에 귀속시키는 이 오해가 어떻게 설명되는가이다. 그리고 이것이 바로 흄의 길이었다.

그러나 우리는 여기서 눈을 돌려서 '어떻게'의 문제(초월적 인식이 어떻게 가능한가, 보다 일반적으로 말하자면 인식 일반이 어떻게 가능한가)는, 정밀한 학문에서 끌어낸 것이든 어디에서 끌어낸 것이든 결코 초월적인 것에 관해 미리 주어진 앎이나 그에 대해 미리 주어진 명제들에 토대해서는 해결될 수 없다는 기본적인 생각을 예증하기 위해 다음을 덧붙여보자. 선천적인 청각장애인도 음이라는 것이 있으며 이 음들이 하모니의 토대가 된다는 사실, 그리고 여기에 훌륭한 예술이 근거할 것이라는 사실은 알고 있다. 그러나 음들이 어떻게 그렇게 하는지, 음악작품이 어떻게 해서 가능한지는 이해할 수 없다. 청각장애인은 그와 같은 것을 **표상**할 수 없다. 즉 그는 직관할 수 없고 직관 속에서 '어떻게'를 파악할 수 없다. 그것들이 실제로 존재한다는 것에 관한 그의 앎은 그에게 아무것도 도와주지 못한다. 만약 그가 그의 앎에 토대하여 음악의 '어떻게'를 연역해내고자 하거나, 그가 알고 있는 것으로부터 추론하여 그 가능성을 명료하게 하고자 한다면 이는 불합리한 일이

될 것이다. 한갓 알려졌을 뿐 직관되지 않은 존재들로부터 연역하는 것은 될 수 없는 일이다. 직관은 증명되거나 연역될 수 없다. 직관적이지 않은 앎으로부터의 논리적 추론을 통해 가능성들(게다가 정말이지 직접적인 가능성들)을 해명하고자 하는 것은 명백히 무의미 nonsense하다. 따라서 초월적인 세계가 존재한다는 것을 내가 아무리 확신하더라도, 그리고 자연적 학문들 전부를 모든 면에서 타당하게 만들더라도 나는 거기에서 어떠한 것도 가져올 수 없다. 초월적 가정이나 학문적 추론을 통해 내가 인식 비판에서 하고자 하는 것, 즉 인식의 초월적 객관성의 가능성을 간파하는 것에 이를 수 있다는 것을 결코 상상하지 말아야 한다. 그리고 이것은 인식 비판이 **인식이 어떻게 가능한가**라는 문제를 해명하는 데 머물러 있는 한, 인식 비판의 시작뿐 아니라 인식 비판의 모든 진행 과정에서도 명백히 적용된다. 그리고 그것은 초월적 객관성의 문제뿐만 아니라 모든 가능성들의 해명에 대해서도 또한 명백히 적용된다.

8. 인식론적 환원의 원리

그래서 이와 더불어, 초월하는 사유작용이 수행되고 그러한 사유작용에 근거한 판단이 확립될 수 있는 모든 경우들에서 초월하는 의미로 판단하며 그래서 하나의 '다른 유로부터의 메타바시스'에 빠지게 될 아주 강력한 경향성을 결합시키면, **인식론적 원리**의 충분하고도 완전한 연역이 생겨난다. 즉 그것이 어떤 인식 유형이든, 모든 인식론적 탐구에는 인식론적 **환원**이 수행되어야 한다. 즉 이때 함께 작동하는 모든 초월은 배제라는 색인, 혹은 중요하지 않음, 인식론적으로 무가치한 것이라는 색인이 붙어야 한다. 또 모든 이러한 초월의 존재는 내가 그것을 믿든 믿지 않든지 여기서는 나와 아무 상관이 없고, 완전히 작용 밖에 머물러 있는 것에 대해 여기에서는 판단할 장소가 아니라고 말하는 그러한 색인이 붙어야 한다.

모든 인식론의 근본적 오류는 소위 메타바시스, 즉 한편에서는 심리학주의, 다른 한편에서는 인류학주의와 생물학주의의 근본 오류와 관련된다. 그것들은 지극히 위험한데, 왜냐하면 문제의 본래적 의미가 결코 명료해질 수 없고 메타바시스 속에서는 완전히 상실되기 때문이다. 또 부분적으로는 명료해진 것까지도 이러한 명료성을 계속 유효하게 보존하기 어려우며, 그래서 방황하면서 사색하는 중에 다시 자연적 사유 방식과 판단 방식의 유혹에 빠지기 쉽고, 또 그것에 토대해 생겨나는 유혹적인 잘못된 문제 설정에 빠져들기 쉽기 때문이다.

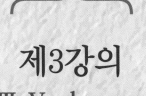

제3강의

III. Vorlesung

제3강의

1. 인식론적 환원의 수행: 초월적인 모든 것을 배제하기

이렇게 자세히 논한 후, 인식 비판이 이용해도 되는 것과 이용해서는 안 되는 것이 자세하고 확실하게 확증된다. 인식 비판의 수수께끼는 초월인데, 그것도 단지 초월의 가능성에 관해 그러하다. 그러나 초월적인 것의 현실성은 그럼에도 불구하고 결코 고려되어서는 안 된다. 타당한 것으로 나타나고 인식론적으로 무가치하다는 부호로부터 자유로울 수 있으며, 이용할 수 있는 대상성들의 영역 혹은 이용할 수 있는 인식의 영역이 영 Null(제로)으로 제한되는 것은 명백히 아니다. 우리는 코기타치오네스의 전체 영역을 확보한 것이다. 코기타치오의 존재, 더 자세히 말하자면 인식 현상 자체는 의문시되지 않는다. 그것은 초월의 수수께끼로부터 자유롭다. 이러한 존재들은 이미 인식문제의 시초에 전제되어 있다. 만약 초월적인 것뿐만 아니라 인식 자체가 버려진다면 초월적인 것이 어떻게 인식 속으로 들어올 수 있는가 하는 물음도 의미를 잃게 될 것이다. 우리가 **내재를 어떤 의미로 해석하든**, 코기타치오네스가 **절대적인 내재적 소여**의 영역을 제시해준다는 사실은 명백하다. 순수 현상을 직관할 때, 대상은 인식 밖에, '의식' 밖에 있는 것이 아니라 순수하게 직관된 것의 절대적 자체소여의 의미로 동시에 주어져 있다.

그러나 여기서는 **인식론적 환원**을 통한 보증이 필요하다. 우리는 여기서 처음으로 그러한 환원의 방법적 본질을 구체적으로 연구하고자 한다. 여기서 우리는 코기타치오의 존재의 명증과 **나의** 코기타치오, 즉 생각하는 존재 sum cogitans의 코기타치오가 있다는 것의 명증을 혼동하지 않기 위해서 환원을 필요로 한다. 현상학적 의미에서의 **순수 현상**과 자연과학적 심리학의 대상인 심리학적 현상 사이의 근본적 혼동을 조심해야 한다. 만약 내가 자연적으로 사유하는 인간으로서 막 체험한 지각을 바라본다면, 나는 즉시 그리고 거의 불가피하게 (그것은 사실이다) 나의 자아와의 관련 속에서 이 지각을 통각한다. 즉 이 지각은 체험하는 사람의 체험으로서, 그의 상태로서, 그의 작용으로서 거기에 있고, 감각 내용은 그에게 내용적으로 주어진 것, 감각된 것, 의식된 것으로 거기에 있으며, 지각은 이것들과 더불어 객관적 시간에 배열된다. 이렇게 파악된 지각, 일반적으로 사유작용은 **심리학적 사실**이다. 그래서 객관적 시간 속의 자료로서 통각되며 체험하는 자아, 즉 세계 속에 존재하는 자아에 속하는 것으로 통각된다. 그리고 그의 시간(이 시간은 경험적인 측정도구로 측정할 수 있는 시간이다)은 지속한다. 따라서 이것은 우리가 심리학이라고 부르는 자연 과학의 의미에서의 현상이다.

2. 탐구의 주제: 순수 현상

이러한 의미에서의 현상은 우리가 인식 비판에서 따라야만 할 법칙, 즉 모든 초월적인 것에 관한 판단중지 *ἐποχή*의 법칙에 종속된다. 사람으로서, 세계의 사물로서의 자아, 그리고 한 개인의 체험으로서의 체험은 (그것이 완전히 무규정적이라도) 객관적 시간에 배열되어 있다. 즉 이 모든 것은 초월적인 것이며 인식론적으로 영 Null이다. 우리가 또한 이미 **현상학적 환원**이라고 부르고자 하는 환원을 통해서야 비로소 나는 초월적인 그 어떤 것도 더 이상 제시하지 않는 하나의 절대적 소여를 획득한다. 내가 자아와 세계 그리고 자아 체험 자체를 의심한다면, 해당되는 체험의 통각 속에서 주어진 것, 즉 나의 자아를 단순하게 직관하는 반성은 이러한 통각의 **현상**, 즉 가령 '나의 지각으로 파악된 지각'과 같은 현상을 산출한다. 물론 "나는 이 현상을 갖고 있다. 그것은 나의 것이다"라고 다시 이야기함으로써 이 자아를 경험적 의미에서 정립하면서 또한 이 현상을 자연적 고찰 방식 속에서 다시 나의 자아와 관계시킬 수 있다. 그러면 나는 순수 현상을 획득하기 위해 다시 자아를, 마찬가지로 시간을, 세계를 의심해야 할 것이고 그래서 순수한 현상, 순수한 코기타치오를 드러내 밝혀야 할 것이다. 그러나 나는 또한 지각하는 동안, 순수하게 직관하면서 그 지각을 주시할 수 있다. 즉 지각 자체를, 그것이 거기에 있는 그대로 주시할 수 있다. 그리고 나와의 관계를 중단시키거나 이러한 관계를 추상할 수 있다. 그러면 직관적으로 그렇게 파악되고 제한된 지각은 모든 초월적인 것을 결여한 하나의 절대적인 것으로, 현상학적 의미에서 순수한 현상으로 주어진다.

그래서 모든 심리적 체험에는 현상학적 환원의 과정에서 (개별적으로 보면) 자신의 내재적 본질을 절대적 소여로 드러내 밝혀주는 순수한 현상이 상응한다. '내재적이지 않은 현실성'의 모든 정립, 현상 속에서 생각되긴 하나 현상에 포함되지 않은 현실성의 모든 정립, 동시에 두 번째 의미에서도 주어지지 않은 현실성의 모든 정립은 배제된다. 즉 보류된다.

만일 그와 같은 순수 현상을 탐구 대상으로 삼을 가능성이 있다면, 우리가 이제 더는 심리학에, 이러한 자연적이고 초월적으로 객관화하는 학문에 서지 않아도 된다는 것이 분명하다. 우리는 이제 심리학적 현상들, 소위 실재적 현실성의 사건들(그것이 실제로 존재하는지는 물론 철저히 의문 속에 머물러 있다)에 대해서는 아무것도 탐구하지 않고 말하지 않으며, 객관적인 현실성과 같은 그 무언가가 존재하든지 존재하지 않든지, 그러한 초월적인 것의 정립이 정당하든지 정당하지 않든지, 있는 것 그리고 타당한 것에 대하여 탐구하고 말한다. 이제 우리는 바로 그러한 절대적 소여들에 대하여 이야기하는 것이다. 이러한 소여들이 지향적으로는 객관적 현실성들과 관계하더라도, 그러한 관계 맺음은 소여들 속의 그 어떤 성격이다. 반면에 **현실성의 존재와 비존재**에 대해서는 그럼에도 아무것도 예단되지 않는다. 그래서 우리는 이미 현상학의 연안에 닻을 내렸다. 그리고 학문이 그것의 탐구 대상을 정립하듯이, 현상학의 대상들도 존재하는 것으로 정립된다. 그러나 하나의 자아 속에, 하나의 시간적 세계 속에 존재하는 것으로 정립되는 것이 아니라 순수한 내재적 직관 속에서 파악된 절대적 소여들로 정립된다. 여기서 우선 순수하게 내재적인 것이 **현상학적 환원**을 통해 특징지어져야 한다. 나는 바로 '거기에 이것'[1]을 초월하면서 생각한 것이 아니라 그 자체로 있는 무언가로, 그리고 주어진 것으로서 생각한다. 그와 같은 말은 당연히 여기서 보여야 할 첫 번째 것, 즉 초월적 대상들의 유사 소여들과 현상 자체의 절대적 소여 사이의 구별을 보도록 가르치기 위한 우회적인 말이요, 임시방편의 말일 뿐이다.

그러나 새로운 땅에 기반을 잡을 수 있기 위해서 그리고 연

---

1 '거기에 이것'은 여기 내 앞에 존재하는 개별적인 의식 체험을 가리킨다.

안의 끝에서 좌초하지 않기 위해서 이제 새로운 일보, 즉 새로운 숙고가 필요하다. 왜냐하면 이 연안에는 암초들이 있고, 그 위에는 우리를 회의주의의 폭풍우로 위협하는 불명료성의 구름이 드리워 있기 때문이다. 지금까지 말한 것은 모든 현상들과 관계하지만, 인식 비판의 목표를 위해서는 다만 인식 현상들만이 우리의 관심을 끈다. 그러나 이제 우리가 상술하게 될 것은, 필요한 부분만 약간 수정하면 mutatis mutandis 모든 것에 타당하듯, 모든 것에 대해 동일하게 지켜질 수 있다.

인식 비판을 겨냥하는 것은 우리를 출발점으로, 즉 처리해도 되며 무엇보다 우리가 필요로 하는 것처럼 보이는 소여들의 대륙으로 이끌어준다. 인식의 본질을 규명하기 위하여 나는 물론 인식을 그것의 모든 문제되는 형태들 속에서도 **소여**로서 소유해야 하며, 이러한 소여는 그 밖의 인식이 (소여들을 제공하는 것처럼 보일지라도) 필연적으로 초래하는 문제적인 것들을 그 무엇도 갖고 있지 않은 그러한 방식으로 소유해야 한다.

순수한 인식 분야를 확인했고, 이제 이 분야를 연구할 수 있고 순수한 현상들의 학문, 즉 **현상학**을 건립할 수 있다. 이것이 우리를 움직이는 문제들을 해결하기 위한 기초임이 자명하지 않은가? 그럼에도 분명한 것은 내가 인식을 들여다보고 인식이 있는 그대로 직관 속에서 나에게 그 자체로 주어질 때에만 인식의 본질이 명료해질 수 있다는 것이다. 나는 인식을 내재적으로 그리고 순수한 현상 속에서 순수하게 직관하면서 '순수한 의식' 속에서 연구해야 한다. 인식의 초월은 물론 문제시된다. 인식이 초월적인 한에서 인식이 관계 맺는 대상성의 존재는 나에게 주어지지 않으며 의문 속에 있다. 그럼에도 불구하고 인식은 정립될 수 있으며, 그러한 정립이 가능하다고 한다면, 인식은 그것의 의미를 가지며 또 가져도 된다. 다른 한편, 초월과의 이러한 관계는, 내가 그 초월의 존재를 그것의 확실성Triftigkeit과 관련하여 문제시한다고 하더라도, 그럼에도 불구하고 순수한 현상 속에서 파악 가능한 그 무언가를 갖고 있다. 초월과의 관계 맺음은, 그것을 이러저러한 방식으로 생각하더라도, 그러나 현상의 어떤 내적인 성격이다. 거의 절대적인 코기타치오네스에 관한 학문만이 문제시되는 듯이 보인다. 그렇지 않다면, 나는 사념된 초월의 선先소여Vorgegebenheit를 삭제해야만하기 때문에, 자기 자신을 넘어선 이러한 사념의 의미뿐만 아니라 이 의미와 더불어 또한 그것의 가능한 **타당성**을, 혹은 타당성의 의미를, 이러한 의미가 절대적으로 주어져 있는 곳, 그리고 관계, 확증, 정당화의 순수한 현상 속에서 타당성의 의미가 자신의 편에서 절대적 소여로 오는 곳 이외의 어디에서 연구할 수 있단 말인가?

물론 여기서 다음과 같은 의심이 우리에게 살그머니 다가온다. 즉 그럼에도 여전히 작용 속에 더 많은 것이 등장해야 하지 않는지, 또 타당한 초월과 같은 그러한 것이 존재하는 한, 타당성의 소여는 또한 다른 한편에서 코기타치오의 소여일 수는 없는 그러한 대상의 소여를 포함하고 있는 것은 아닌지 하는 의심이 우리에게 다가온다. 그러나 그렇더라도 코기타치오네스로 이해된, 절대적 현상들의 학문이 필요한 첫 번째 것이고, 최소한 해답의 주요 부분은 그것이 수행해내야만 할 것이다.

3. 절대적 현상의 '객관적 타당성'에 대한 물음

그래서 현상학을, 여기서는 순수 인식 현상의 본질학으로서 인식의 현상학을 실로 목표로 한다. 전망은 밝다. 그러나 현상학은 어떻게 시작해야 할까? 현상학은 어떻게 가능할까? 나는 판단해야 하고 그것도 아주 객관적으로 타당하게 판단해야 하며, 순수한 현상을 학문적으로 인식해야 한다. **그러나 모든 학문은 그 자체로 존재하는 객관성의 규명으로 인도하고, 그와 더불어 초월적인 것들로 인도하는 것이 아닌가?** 학문적으로 규명된 것은, 내가 인식하면서 그것을 존재하는 것으로 정립하든 하지 않든, 그 자체로 존재하며 전적으로 존재하는 것으로 여겨진다. 학문에서 다만 인식된 것의 객관성, 학문적으로 근거지어진 것의 객관성은 학문의 본질에 상관자로서 속하게 되는 것이 아닌가? 그리고 학문적으로 근거지어진 것은 보편적으로 타당한 것이 아닌가? 그러나 여기서는 사정이 어떠한

가? 우리는 순수 현상들의 영역에서 움직이고 있다. 그러나 나는 왜 영역이라고 이야기하는가? 그것은 오히려 현상들의 영원한 **헤라클레이토스적 흐름**[2]이다. 여기서 나는 어떻게 표현할 수 있을까? 이제, 직관하면서 나는 말할 수 있다. 거기에 이것! 그것은 의심할 여지가 없다. 나는 아마도 이렇게도 말할 수 있다. 이 현상들이 저 현상들을 부분으로 포함하고, 혹은 저 현상들에 결합되며, 이 현상은 저 현상과 뒤섞인다고. 그외 등등.

그러나 명백히 이러한 판단의 '**객관적**' 타당성은 없다. 그것은 어떠한 '**객관적 의미**'도 갖지 않는다. 그것은 단지 '**주관적**' **진리**만을 가질 뿐이다.[3] 이제 여기서 우리는 이러한 판단이 '주관적으로' 진리임을 요구하는 한, 또한 어떤 의미에서는 객관성을 갖는 것이 아닌가 하는 연구에 관여하고자 하지는 않는다. 그러나 언뜻 보아 이미 명백한 것은, 학문 이전의 자연적 판단을 소위 조직해내고 정밀한 학문의 타당한 판단들을 훨씬 높은 완성으로 끌어올리는 객관성의 저 높은 위엄이 여기에는 전적으로 결여되어 있다는 것이다. 우리는 우리가 순

---

2 헤라클레이토스는 기원전 6세기경의 고대 그리스 사상가로서 "같은 강물에 두 번 발 담글 수 없다."라는 말로 유명하다. 헤라클레이토스는 만물의 근원을 끝없이 타오르는 불로 보았고, 만물은 끊임없이 흐르는 강물과 같이 부단히 변화하면서 생성됨을 강조하였다. 여기서 '헤라클레이토스적 흐름'이란 끝없이 변화하면서 흘러가는 의식의 흐름을 표현하는 말이다.
3 주관적인 개별적 의식 체험에 관한 판단은 주관적 진리만을 가질 뿐이다.

수하게 직관하면서 내린 '거기에 이것이 있다.'와 같은 그러한 판단들에 특별한 가치를 부여하지 않을 것이다.

덧붙여 말하자면, 여러분은 여기서 칸트의 유명한 구별인 **지각 판단**과 **경험 판단**의 구별[4]을 떠올릴 것이다. 유사성은 명백하다. 다른 한편으로는 칸트에게는 현상학과 현상학적 환원의 개념이 결여되어 있고, 심리학주의와 인류학주의로부터 완전히 빠져나올 수 없었기에 칸트는 여기서 필수적인 구별의 궁극적 의도에는 도달하지 못했다. 물론 우리에게는 타당성에 있어서 경험적 주관에 한정되는 주관적으로 타당한 판단이 아니라 객관적으로, 즉 모든 주관 일반에 타당한 판단이 문제이다. 물론 우리는 경험적 주관을 배제했고, 초월론적 통각, 의식 일반은 우리에게는 곧 전혀 다른 그리고 전혀 신비스럽지 않은 의미를 획득하게 될 것이다.

어쨌든 다시 우리의 고찰의 특징으로 돌아가보자. 단칭 판단으로서의 현상학적 판단은 우리에게 많은 것을 가르쳐주지 않는다.[5] 그러나 판단들은, 그것도 학문적으로 타당한 판단들

---

4 칸트는 경험적 판단이 객관적 타당성을 가지는 경우 그러한 판단을 경험판단이라 부르고, 객관에 관계되지 않고 주관적 타당성만을 지니는 경우 지각 판단이라 불렀다.

5 단칭 판단은 보편적인 것이 아니라 개별적인 것에 관한 판단이다. 단칭 판단으로서의 현상학적 판단은 개별 의식 체험에 관한 판단이 될 것이다. 그러나 현상학은 의식의 본질을 탐구하는 본질학이므로 개별적인 의식 체험에 관한 판단만으로는 만족할 수 없다.

은 어떻게 획득되는가? '학문적'이라는 이 말이 즉시 우리를 곤경에 빠뜨린다. 객관성과 더불어 초월이 오는 것이 아닌지 그리고 이러한 객관성과 더불어 초월이 무엇을 의미해야 하는가, 그리고 그것이 가능한가, 어떻게 가능한가라는 회의가 오는 것이 아닌가 물어보자. **인식론적 환원**을 통해 우리는 초월적인 전제들을 배제한다. 왜냐하면 초월은 그 가능적 타당성과 의미에 있어서 의문시되기 때문이다. 그러나 그러면 여전히 학문적 규명, 인식론 자체의 초월적 규명이 가능한가? 초월의 가능성을 근거 짓기 전에는 인식론 자체의 어떠한 초월적 규명도 적법하지 않다는 사실이 자명하지 않은가? 그러나 인식론적 판단 중지가 (그렇게 보일지 모르겠는데) 우리가 초월의 가능성을 근거 짓기 전에는 어떠한 초월도 타당한 것으로 놓아두지 않을 것을 요구한다면, 그리고 초월의 가능성을 근거 짓는 것 자체가 객관적 근거 지음의 형식 속에서 초월적 정립을 요구한다면, 여기서 우리는 현상학과 인식론을 불가능하게 하는 순환에 놓여 있는 것처럼 보인다. 그렇다면 지금까지 애쓴 노력은 헛된 것이 되리라.

우리는 현상학의 가능성에, 그리고 여기에 명백히 내포된 것, 인식 비판의 가능성에 즉시 절망할 수는 없을 것이다. 우리는 이제 이 혼란스러운 순환을 해결해주는 어떤 진전이 필요하다. 근본적으로 보아 초월과 내재의 이중적 의미를 구별하였을 때, 이미 그러한 진전을 이루었다. 여러분들이 기억하고 있듯이, 데카르트는 코기타치오의 명증(혹은 우리가 인수하지는 않은 것이지만, '나는 생각한다. 그러므로 나는 존재한다.')을 규명한 후에, **그것이 무엇이며 이러한 근본소여들에서 무엇이 나를 보증해주는지** 물었다. 그것은 명석 판명한 지각이었다. 우리는 여기에 덧붙일 수 있을 것이다. 여기서 데카르트보다 사태를 이미 더 순수하고 깊게 파악하였으며, 그래서 명석 판명한 지각이라는 명증 또한 우리에게 더 순수한 의미로 파악되고 이해되었음은 말할 필요도 없다. 데카르트와 더불어 우리는 이제 (필요한 부분에 수정을 가하여) 더 폭넓은 걸음으로 나아갈 수 있다. 우리는 명석 판명한 지각을 통해 주어진 것이 무엇이든, 개별적인 코기타치오와 마찬가지로 아주 똑같이 타당하게 요구해도 된다. 우리가 3성찰이나 4성찰을, 그러니까 신의 성실성에 호소하는 등등의 신존재 증명을 떠올린다면, 그것은 물론 나쁜 것을 기대하게 하겠지만 말이다. 어쨌든 여러분도 아주 회의적이기를 혹은 그보다는 아주 비판적이기를 바란다.

우리는 순수한 코기타치오의 소여를 절대적인 것으로 승인하였다. 그러나 외부 지각 속의 외부 사물의 소여는, 이것이 사물 자체의 존재를 제시한다고 주장하더라도, 그렇지 않다. 사물의 초월은 우리가 그것을 의문시할 것을 요구한다. 우리는 어떻게 지각이 초월적인 것과 만날 수 있는지 이해하지 못한다. 그러나 우리는 반성적이며 순수 내재적인 지각, 즉 환원된 지각의 형식 속에서 어떻게 지각이 내재적인 것과 만날 수 있는지는 이해한다. 어째서 그것을 이해하는가? 이제 우리는 우리가 직관하고 파악하면서 생각한 것을 직접적으로 직관하고 직접적으로 파악한다. 그것 자체가 현상에 주어져 있지 않은 무언가를 사념하는 어떤 현상을 목전에 두면서, 그것이 존재하는지, 그리고 존재한다는 것이 어떻게 이해될 수 있는지를 의심하는 것은 의미가 있다. 그러나 직관하고, 그리고 직관하면서 파악된 것과 전혀 다른 것은 생각하지 않으면서 거기서 여전히 의문을 품고 회의하는 것은 의미가 없다. 그래서 근본적으로 이는 다름 아니라 가장 엄밀한 의미에서 현실적인 직관, 현실적인 자체-주어짐이 있고 주어지지 않은 것을 사념하는 다른 주어짐이 없는 한, 직관함, 자체 주어진 파악함이 궁극적인 것임을 뜻한다. 그것은 절대적인 자명함이다. 자명하지 않은 것, 문제적인 것, 아마 심지어 불가사의한 것은 초월하는 사념함에, 즉 주어지지 않은 것을 사념하고, 믿고, 경우에 따라서는 번거롭게 근거 짓는 데 있다. 이때 그럼에도 불구하고 사념함, 믿음 자체의 주어짐이라는 하나의 절대적 소여가 확인되지만, 그것은 우리에게 아무 도움도 주지 못한다. 우리는 다만 반성을 필요로 한다. 그리고 그것을 발견한다. 그러나 이렇게 주어져 있는 것은 물론 사념된 것이 아니다.[6]

---

6 우리는 '사념함' 자체를 반성적으로 지각할 수 있다. 이때 주어지게 되는 '사념함'이라는 의식체험은 사념된 것이 아니라 반성적 지각의 대상으로서 반성적으로 직관되는 것이다.

4. 개별적인 소여성으로 제한하는 것의 불가능성: 본질 인식으로서의 현상학적 인식

그러나 절대적 자체소여, 직관하는 자체소여는 어째서 단지 개별적 singulär 체험, 그리고 그것의 개별적 계기와 부분들에만 존재하는가? 즉 '거기에 이것'의 직관하는 정립에만 존재하는가? 절대적 소여들로서 다른 소여들의 직관하는 정립이 있어야만 하는 것이 아닌가? 가령 어떤 보편적인 것이, 그것의 의심이 또 한 번 불합리한 것이 될 자명한 소여로 직관하면서 오게 될 그러한 방식으로, 보편적인 것의 직관하는 정립이 있어야 하는 것이 아닐까?

코기타치오를 현상학적으로 개별적인 소여들에 제한시키는 것이 아무리 특별하더라도, 우리가 데카르트에 의지해 시도하였던, 또 절대적 명료성과 자명성에 의해 확실히 규명되었던 전체 명증 고찰은 타당성을 상실해버릴 것이라는 결론이 이미 이로부터 따라 나온다. 즉 가령 우리가 막 체험한 감정과 같은 코기타치오가 개별적으로 존재하는 경우들에 대해서 우리는 아마도 그러한 체험이 주어져 있다고는 말해도 될 것이지만 다음과 같은 지극히 보편적인 명제, 즉 **환원된 현상의 소여 일반이 절대적으로 의심할 여지가 없다**는 명제에 대해는 결코 단언할 수 없을 것이다.

그러나 이것은 단지 여러분을 길 위로 안내하기 위한 것이다. 어쨌든 분명한 것은 인식 비판의 가능성이 환원된 코기타 치오네스와는 다른 절대적 소여들의 제시에 의존한다는 것이다. 더 자세히 고찰해보면 환원된 코기타치오네스들에 대해 내리는 술어적 판단들을 통해 우리는 이미 그것들을 넘어선다.[7] 만약 우리가 이러한 판단 현상에는 그러그러한 표상 현상이 토대로 놓여 있다거나 이러한 지각현상은 그러그러한 계기, 색 내용과 같은 것을 포함한다고 이야기한다면, 이미 우리는 그것들을 (환원된 코기타치오네스를) 넘어서고 있는 것이다. 그리고 심지어 우리가 전제에 맞게, 코기타치오의 소여들에 가장 순수하게 맞추어서 이러한 언명을 내린다고 하더라도 실은 언어적 표현 속에 작동하는 논리적 형식들을 통해 그 한갓된 코기타치오네스를 넘어서는 것이다. 거기에는 가령 새로운 코기타치오네스의 단순한 누적 속에는 존재하지 않는 어떤 잉여가 있다. 그리고 우리가 술어적 사고를 통해 언명을 내린 그 코기타치오네스에 새로운 것을 덧붙인다고 하더라도, 이것은 술어적 사태, 즉 언명의 대상성을 형성하는 것은 아니다.

---

7   술어적 판단이란 판단의 대상을 특정한 개념이나 범주 속에 포섭시키는 것이다. 우리가 개별적인 순수한 의식 체험에 술어적 판단을 내리면, 그러한 의식 체험은 이미 특정한 개념이나 범주와 같은 보편적인 것에 포섭되게 되므로 우리는 순수한 소여로서의 순수 개별적 의식 체험을 이미 넘어서게 되는 셈이다.

5. '아프리오리'라는 개념이 갖는 두 가지 의미

적어도 순수한 직관의 자세에 있으면서 모든 자연적 선입견을 멀리할 수 있는 사람에게는 개별적인 것들뿐만 아니라 **보편적인 것들, 보편적 대상들과 보편적 사태들도 절대적 소여에 이를 수 있다는** 사실이 쉽게 파악된다. 이러한 인식은 현상학의 가능성을 위해 결정적인 의미를 지닌다. 왜냐하면 순수하게 직관하는 고찰의 범위 내에서, 즉 절대적 자체 소여의 범위 내에서의 본질 분석이자 본질 탐구라는 사실이 현상학에 고유한 특징이기 때문이다. 그러한 사실은 필연적으로 현상학의 특성이다. 왜냐하면 현상학은 가능성들, 그러니까 인식의 가능성과 가치의 가능성들을 해명하되, 그러한 가능성들을 그것의 본질 근거들로부터 해명하기 위한 학문이며 방법이고자 하기 때문이다. 그것은 일반적으로 문제시되는 가능성들이고 따라서 그 탐구는 일반적인 본질 탐구이다. 본질 분석은 당연히 eo ipso 보편적 분석이고, 본질 인식은 본질들, 본체들, 일반적 대상성들을 향하는 인식이다. 그리고 여기서 아프리오리라는 말은 정당한 지위를 갖는다. 왜냐하면 우리가 아프리오리에 관한 경험적으로 잘못된 개념을 배제하는 한, 아프리오리한 인식이란 순수하게 보편적 본질들을 향하는 인식, 순수하게 본질에서 그 타당성을 길어 올리는 인식 이외에 무엇을 의미한단 말인가?

어쨌든 이것이 아프리오리에 관한 하나의 정당한 개념이다. 만약 말이 규정된 의미 속에서의 원리적인 의미를 범주로서 갖는 모든 개념들, 그리고 더 나아가 이러한 개념들에 근거하는 본질 법칙들을 의미한다면 아프리오리에 관한 또 다른 개념이 생겨난다.

여기서 아프리오리의 첫 번째 개념을 붙잡는다면, 현상학은 근원들의 영역, 절대적 소여의 아프리오리와 관계한다. 즉 보편적 직관 속에서 파악되는 종Spezies과 이 종에 근거하여 직접적으로 직관할 수 있도록 구성되는 아프리오리한 사태들과 관계한다. 이론적 이성뿐만 아니라 실천이성, 그리고 모든 이성의 이성 비판을 향한다면, 주요 목표는 물론 두 번째 의미에서의 아프리오리[8]이다. 즉 자체적으로 주어지는 원리적 형식과 사태들을 규명하고, 이러한 자체-주어짐을 매개로 하여 원리적 의미를 요구함으로써 나타나는 개념들과 논리학, 윤리학, 가치론의 법칙들을 현실화하고 평가하고 감정하는 것이다.

8　아프리오리한 인식은 보편적 본질을 향하는 인식이다. 여기서 첫 번째 의미의 아프리오리가 특수한 종Spezies이나 사태의 본질과 관계한다면 두 번째 의미의 아프리오리는 본질 법칙과 관계한다.

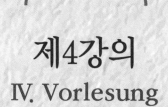

제4강의
IV. Vorlesung

제4강의

1. 지향성을 통한 탐구 영역의 확장

만일 우리가 순수한 인식의 현상학을 고집한다면, 거기서 는 직접적으로 직관하면서 제시할 수 있는 **인식의 본질**이 문제 시된다. 즉 현상학적 환원과 자체소여의 범위 속에서 자신을 유지하면서 직관하며 제시하는 일, 그리고 '인식'이라는 폭넓은 명칭이 포괄하는 현상들의 다양한 종류를 분석적으로 구별하는 일이 문제시된다. 이제 물음은 다음과 같은 것이다. 그 현상들에 본질적으로 놓여 있으며 근거하는 것이 무엇인가, 그 현상들은 어떤 요소들로 형성되는가, 그 현상들은 어떤 복합가능성들을 늘 본질적으로 그리고 순수 내재적으로 근거지어 주는가, 도대체 여기서 어떤 보편적 관계들이 솟아나오는가.

그리고 내실적으로 내재적인 것뿐만 아니라 **지향적인 의미**

에서 내재적인 것[1] 또한 문제시된다. 인식 체험은 그것의 본질에 속하는 것으로서 지향intention을 갖는다. 인식 체험은 무언가를 생각하고, 이런저런 방식으로 대상성과 관계 맺는다. 비록 대상성은 인식 체험에 속해 있지 않지만, 대상성과의 관계 맺음은 인식 체험에 속한다. 그리고 대상적인 것은 인식 현상에 내실적이지도 않고, 그 밖에 코기타치오로서 존재하지도 않지만, 그럼에도 불구하고 나타날 수 있고, 나타남 속에서 그 어떤 소여를 가질 수 있다. 그러므로 인식의 본질을 해명하고, 인식에 속하는 본질연관을 자체소여로 가져오는 일은 이러한 두 측면에 따라서 탐구함을 의미하고, 인식의 본질에 속하는 이 관계[2]를 추적함을 의미한다. 그리고 여기에 바로 인식의 대상성의 궁극적 의미를 둘러싼 수수께끼, 신비, 문제 들이 놓여 있는데, 인식이 판단하는 인식일 때는 그 아래 확실성 Triftigkeit 내지 불확실성의 문제가 있고, 인식이 명증적 인식일 때에는 그 아래 인식의 충전성 Adäquation[3]의 문제가 있다.

---

1 내실적으로는 초월이면서 지향적으로는 내재인 것들이 있다. 가령 노에마(의식체험의 지향적 대상 혹은 의미)는 내실적 초월이면서 지향적 내재이다.

2 '인식의 본질에 속하는 이 관계'란 노에시스-노에마 상관관계를 의미한다. 의식의 노에시스적 계기 혹은 노에시스는 의식의 작용적 측면을, 그리고 노에마적 계기 혹은 노에마는 그 작용의 대상적 측면을 나타낸다.

3 '충전성'은 현상학의 전문 용어로 '의식에 대상이 남김없이 주어짐'을 의미한다. 초월적 대상을 향하는 외부 지각에서 대상은 의식에 언제나 관점적으로 음영지어 주어지지만, 의식 체험이 의식의 대상이 되는 내재적 지각에서는 의식체험과 의식 체험의 대상이 동일한 의식 체험 흐름 속에 무매개적으로 통일되어 있음으로써 의식체험의 대상이 충전적으로 남김없이 주어진다. 다만 내재적 지

어쨌든 이러한 본질 탐구 전체는 실제로 명백히 보편적인 탐구이다. 의식 흐름 속에서 왔다가 사라지는 개별적인 인식 현상들은 현상학적 규명의 대상이 아니다. '인식 원천이', 보편적으로 직관될 수 있는 근원들이, 보편적인 절대적 소여들이 목표이다. 이 보편적인 절대적 소여들이 보편적인 근본 척도를 제시하는데, 그러한 근본 척도에 따라서 혼란한 사유의 모든 의미와 정당함이 측정되고, 혼란한 사유가 자신의 대상성 속에 세워놓은 수수께끼 전부가 해결될 수 있다.

2. 보편적인 것의 자체소여성: 본질 분석의 철학적 방법

그러나 정말로 **보편성**이, 보편적 본질이, 그리고 보편적 본질들에 속하는 일반적 사태들이 코기타치오에서와 동일한 의미로 자체소여로 올 수 있을까? **보편적인 것 자체는 인식을 초월하지 않는가?** 절대적 현상으로서의 보편적 인식은 물론 주어진다. 그러나 그러한 보편적 인식 속에서, 같은 내재적 내용의 무수히 가능한 인식들 속에서 가장 엄밀한 의미에서 동일한 것이어야만 하는 보편적인 것을 찾는 것은 헛되니까.

물론 우리는 이미 대답했던 방식으로 이렇게 대답한다. 보편적인 것은 물론 이러한 초월을 갖는다. 인식 현상, 이러한

각의 경우에도 현재 국면을 넘어선 시간 지평을 고려할 경우, 어두운 과거 지평에 속하는 의식의 대상은 남김없이 주어지지 않고 비충전적으로 주어질 수 있다.

현상학적 개별성의 모든 내실적 부분은 다시 개별적인 것이고, 그래서 개별적인 것이 아닌 보편적인 것은 보편성 의식 속에 내실적으로 포함되어 있을 수 없다. 그러나 **이러한 초월**[4]을 못마땅하게 여기는 것은 다만 선입견에 불과하다. 그것은 원천 자체에서 길어 올리지 않은 부적절한 인식 고찰에서 유래한다. 바로 우리가 분명히 해야 할 것은 절대적 현상, 즉 환원된 코기타치오는 개별적인 것이기 때문에 절대적 자체소여로 여겨지는 것이 아니라, 현상학적 환원 후 순수 직관 속에서 **그야말로 절대적 자체소여로** 판명되기 때문에 그러하다는 것이다. 순수하게 직관하면서 우리는 **그야말로** 그러한 절대적 소여로서 마찬가지로 보편성을 발견할 수 있다.

정말 그럴까? 이제 보편적인 것이 주어지는 경우, 다시 말해 직관되면서 자체 주어진 개별성에 근거하여 순수 내재적인 보편성 의식이 구성되는 경우를 주시해보자. 나는 빨강에 관한 하나의 개별 직관 혹은 다수의 개별 직관들을 갖는다. 순수 내재를 고집하고, 현상학적 환원을 염두에 둔다. 가령 내 책상 위의 압지의 빨강처럼 빨강이 초월적인 것으로 통각되더라도, 나는 빨강이 의미하는 것을 절단해내어 순수하게 직관하면서 빨강 일반이라는 생각의 **의미**를, 즉 빨강이라는 종, 그러저러한 것에서 이끌어내 직관된 **동일한 보편자**를 성취해

---

4 내실적 초월을 뜻한다.

낸다. 그래서 개별적인 것 자체는 이제 더 이상 생각되지 않는다. 이러저러한 빨강이 아니라 빨강 일반을 생각한다. 실제로 순수하게 직관하면서 우리가 그것을 수행한다면, 우리는 거기서 여전히 빨강 일반이 무엇인지, 그와 같은 것으로 무엇이 생각되는지, 그것이 본질적으로 무엇일 것인지를, 이해할 수 있는 방식으로 의심할 수 있을까? 정말로 우리는 그것을 직관한다.[5] 거기에 그것이 있고, 우리는 거기서 그것을, 그러니까 빨강의 본질 Rotartung 을 생각한다. 신, 즉 빨강의 본질에 관한 무한한 지성조차 빨강을 보편적으로 직관하는 것 이상의 것을 가질 수 있을까?

그리고 만약 이제 가령 두 개의 빨강이란 종들을, 그러니까 두 개의 빨강의 색조들을 제시하였다면, 이것과 저것은 서로 유사하되, 이것들은 개개의 개별적 빨강 현상들이 아니라 유들이며, 색조들 자체라고 판단할 수 있지 않을까? 여기서는 유사성 관계가 보편적인 절대적 소여가 아닐까?

그래서 또한 이 소여는 순수하게 내재적인 어떤 것이되 잘못된 의미에서, 즉 개별적인 의식의 영역 내에서 유지된다는 의미에서 내재적인 것은 아니다. 심리학적 주관 안에서의 추상작용이나 이 추상이 수행되는 심리학적 조건들에 관한 이야기가 절대 아니다. 이야기는 빨강의 보편적 본질 내지 의미,

---

5 이러한 직관은 본질에 대한 직관, 즉 본질 직관이다.

보편적 직관 속에서의 빨강의 소여에 관한 것이다.

빨강을 직관하면서, 그리고 그것을 특수한 특성들 속에서 파악하면서, 빨강이라는 말과 더불어 바로 정확히 그때 파악되고 직관된 것을 생각하면서도 여전히 빨강의 본질 혹은 빨강의 의미가 무엇인지 묻거나 의심하는 것이 의미 없는 일이듯, 순수하게 직관하고 이념화하는 고찰 속에서 현상학적 환원의 영역 내부에 해당되는 모범적 현상들을 목전에 두고서 해당되는 특성이 주어져 있는데도 여전히 인식의 본질, 그리고 인식의 근본적 형태와 관련하여 인식의 의미가 무엇인지 의심하는 것은 아무런 의미가 없다. 물론 인식은 빨강과 같이 그렇게 단순한 것은 아니다. 인식의 다양한 형태와 종류들이 구별되어야 하고, 그뿐 아니라 그것들은 서로에 대한 본질 관계 속에서 탐구되어야 한다. 왜냐하면 인식을 이해한다는 것은 지적 형태들의 다양한 유형의 본질 관계들로 귀착되는 인식의 **목적론적 연관들**을 보편적으로 해명하는 것을 의미하기 때문이다. 그리고 여기에는 또한 학문적 객관성의 이념적 가능 조건으로서 모든 경험적 학문의 작업 방식을 규범으로서 다스리는 원리들의 궁극적 해명이 속해 있다. 원리들을 해명하는 연구 전체는 철두철미 본질 영역의 내부에서 움직이며, 이러한 본질 영역은 다시금 현상학적 환원의 개별적 현상들의 토대 위에서 구성된다.

분석은 모든 단계에서 본질 분석이며 직접적인 직관 속에서 구성되는 보편적 사태들에 대한 탐구이다. 전체 연구는 또한 아프리오리한 것이다. 물론 연구가 수학적 연역의 의미에서 아프리오리한 것은 아니다. 객관화하는 아프리오리한 학문과 우리의 연구를 구별시켜주는 것은 연구의 방법과 목적이다. **현상학은 직관하고 해명하면서 작업하고, 의미를 규정하고 의미를 구별하면서 작업한다.** 현상학은 비교하고, 구별하고, 결합하고, 관계 짓고, 부분으로 분할하며, 계기들을 잘라낸다. 그러나 이 모든 것은 순수한 직관 속에서 이루어진다. 현상학은 이론화하되, 수학화하지 않는다. 왜냐하면 현상학은 연역적 이론의 의미에서는 어떠한 설명도 수행하지 않기 때문이다. 현상학은 객관화하는 학문의 가능성을 원리로서 지배하는 근본 개념들과 근본 명제들을 해명하기 때문에(그러나 결국 또한 그 자신의 근본 개념과 원리들을 반성적 해명의 대상으로 삼는다), 객관화하는 학문이 시작하는 곳에서 끝난다. 현상학은 그래서 완전히 다른 의미에서의 학문이며 완전히 다른 과제들과 방법들을 지닌다. **가장 엄밀한 현상학적 환원의 내부에서 직관하고 이념화하면서 작업하는 것은 현상학만의 고유한 특성이다. 그것은 이러한 방법으로서 본질적으로 인식 비판의 의미에 속하고, 그래서 일반적으로는 갖가지 이성 비판**(그래서 또한 가치 판단하는 이성과 실천적 이성의 비판에도)**에 속하는 한, 특수한 철학적 방법이다.** 진정한 의미에서의 이성 비판의 곁에서 여전히 철학이라 불리는 것은 전적으로 이러한 작업과 관계한다.

그래서 자연의 형이상학과 전체 정신 삶의 형이상학, 그리고 가장 넓은 의미로 이해된 형이상학 일반도 이러한 작업에 관계한다.

3. 명증의 감정 이론에 대한 비판: 자체소여성으로서의 명증

사람들은 그러한 직관의 경우들에서 **명증**에 대해 이야기한다. 그리고 정확한 명증 개념을 알고 그 개념을 본질에 따라 고수하는 사람들만이 실제로 그와 같은 사건을 염두에 둔다. 근본적인 것은 사람들이, 명증은 이것을 실제로 직관하면서, 직접적으로 충전적으로 그 자체를 파악하는 의식이며, 다름 아닌 충전적 자체소여를 의미한다는 것을 파악하지 못한다는 것이다. 근원탐구의 가치에 대해서 그렇게 많이 이야기하면서도 극단적 합리주의자들과 마찬가지로 참된 근원들에서 멀리 떨어져 있는 경험주의적 인식론자들은 명증적인 판단과 명증적이지 않은 판단의 전적인 차이가 그 어떤 특정한 감정에 있으며, 이러한 감정으로 인해 명증적 판단이 두드러지게 되는 것이라고 믿게 하려 한다.[6] 그러나 여기서 감정은 무엇을 이해하게 할 수 있는가? 감정은 무엇을 수행해야만 하는가?

---

6 이러한 명증 개념은 심리학주의적 명증 개념으로서 명증을 의식에 신선하게 주어지는 확실성의 감정과 같은 것으로 이해한다. 후설은 이러한 심리학주의적 명증 개념과 대결하면서 자신의 고유한 명증 개념을 발전시켰다.

감정은 가령 우리에게 "멈춰라! 여기 진리가 있다"라고 소리쳐 알려야 하는가? 그러나 우리는 왜 감정을 믿어야 할까? 이러한 믿음은 또 다시 감정지표Gefühlsindex를 가져야만 하는가? 그리고 '2 곱하기 2는 5'라는 의미의 판단은 왜 결코 이러한 감정 지표를 갖지 않는 것이며, 또 왜 그것을 가질 수 없단 말인가? 사람들은 본래 이러한 감정적인 지표론Indiceslehre에 어떻게 이르게 되는가? 이제 사람들은 스스로에게 이렇게 말한다. 논리적으로 말해서, 동일한 판단, 가령 '2 곱하기 2는 4'라는 판단이 한 번은 나에게 명증적일 수 있고, 한 번은 나에게 명증적이지 않을 수 있다고. 또 4라는 동일한 개념이 나에게 한 번은 명증 속에서 직관적으로 주어지고, 다른 한 번은 한갓 기호적 표상 속에서 주어질 수 있다고. 그래서 내용적으로는 양쪽이 동일한 현상이지만, 한쪽 편에 가치 우위가 있고, 가치가 부여하는 성격, 즉 두드러지는 감정이 있다는 것이다. 나는 실제로 양쪽에서 동일한 것을 갖지만 단지 한 번은 감정이 덧붙여지고, 다른 한 번은 감정이 덧붙여지지 않는 것일까? 그러나 이 현상들을 눈여겨보면, 실제로 두 경우 동일한 현상이 존재하는 것이 아니라 단지 공통적인 것을 갖고 있을 뿐, 본질적으로 구별되는 두 개의 현상이 존재한다는 사실을 즉시 알아차리게 된다. '2 곱하기 2와 4가 같다.'를 내가 본다면, 그리고 그것을 막연한 기호적 판단들 속에서 말한다면, 나는 동일한 것을 생각하지만, 여기서 동일한 것을 생각한다는 것이 곧 동일한 현상들을 갖는다는 사실을 뜻하지는 않는다. 양쪽의 내용은 다르다. 한 번은 내가 직관한다. 직관 속에서 사태 자체가 주어진다. 다른 한 번은 기호적 사념을 갖는다. 즉 한 번은 직관을 갖고 다른 한 번은 공허한 지향을 갖는 것이다.

그러면 양쪽에 공통적인 것, 즉 같은 '의미'가 있지만, 한 번은 감정지표가 있고 다른 한 번은 감정지표가 없는 데에 차이가 있는 것일까? 그러나 현상 자체를 넘어서 위로부터 말하고 구성하는 대신, 그저 현상 자체를 눈여겨보자. 한 번 더 간단한 예를 들어보자. 만약 내가 한 번은 생생한 직관 속에서 빨강을 갖고, 다른 한 번은 기호적인 공허한 지향 속에서 빨강을 생각한다면, 가령 두 경우에서 모두 동일한 빨강 현상이 내실적으로 현전하지만, 다만 한 번은 감정과 더불어 현전하고 다른 한 번은 감정이 없이 현전하는 것일까?

현상을 그저 눈여겨보기만 하면 된다. 그러면 우리는 그것들이 철저히 다른 것이고, 양쪽을 동일하게 하는 것, 즉 우리가 의미라고 부르는 것으로 인해 그것들이 일치하게 되는 것일 뿐임을 알게 된다. 그러나 차이점이 현상 자체에 있다면, 구별을 위해 또다시 그 어떤 감정이 필요할까? 차이는 바로, 한 번은 빨강의 자체소여가, 수나 보편적 수 동일성의 자체소여가, 혹은 주관적 표현으로는 충전적으로 직관하는 파악이나 이러한 직관의 자체소유가 있고, 다른 한 번은 사태에 대한 한갓 사념만 있다는 데 있지 않을까? 그래서 우리는 이러한 감정론적 명증 개념과는 가까이 할 수 없다. 감정론적 명증 개념은 그것이 순수 직관 속에서 스스로를 제시하고, 순수 직관이 바로 우리가 순수 직관에 부당하게 요구한 것, 그리고 감정론적 명증 개념 자체에 모순되는 것을 의미할 때에만 정당성을 가질 수 있으리라.

우리는 이제 또한 명증 개념을 사용하여 다음과 같이 말할 수 있다. 코기타치오의 존재에 대해서 우리는 명증을 갖고 있다. 그리고 우리가 명증을 갖고 있기 때문에 그것은 수수께끼를 포함하지 않으며, 초월의 수수께끼도 포함하지 않는다. 그것은 우리에게 의심할 여지가 없는 것으로 여겨지고, 우리는 그것을 사용해도 된다. 마찬가지로 보편적 명증에서는, **보편적인 대상성과 사태들**이 우리에게 자체소여로 다가온다. 그것들은 동일한 의미에서 의심할 여지없이 주어지며, 가장 엄밀한 의미에서 충전적으로 자체소여된다.

4. 내실적 내재의 영역으로 제한하지 않음: 모든 자체소여성이라는 주제

따라서 현상학적 환원은 내실적 내재의 영역으로, 코기타치오의 절대적 '이것'[7] 속에 내실적으로 포함된 것의 영역으

---

7 개별적으로 존재하는 의식 체험으로서의 '이것'을 뜻한다.

로 연구를 제한함을 의미하지 않는다. 현상학적 환원은 코기타치오의 영역으로의 제한이 아니라 **순수한 자체 소여**의 영역으로의 제한을 의미한다. 그러니까 그저 이야기되고 생각되기만 한 것은 아닌 것의 영역으로의 제한이며, 지각된 것의 영역으로의 제한이 아니라, 정확히 사념된 의미 속에서 주어진 것이며, 사념된 그 어떤 것도 주어지지 않은 것이 없는 방식으로 가장 엄밀한 의미에서 자체 주어진 것의 영역으로의 제한이다. 한 마디로, 순수 명증의 영역으로의 제한이다. 그러나 이 말은, '간접적 명증', 그리고 무엇보다 느슨한 의미의 모든 명증을 배제한, 특정한 엄밀한 의미에서 이해된 말이다.

절대적 소여는 궁극적인 것이다. 물론 사람들은 절대적으로 주어진 무언가를 가졌다고 이야기하고 주장하기 쉽다. 그런데 사실은 그렇지 않다. 절대적 소여는 막연하게 이야기될 수도 있고 절대적 소여 속에 주어질 수도 있다. 내가 빨강의 현상을 직관할 수 있고, 직관 없이 거기에 대해서 이야기만 할 수도 있듯이, 나는 빨강의 직관에 대해 이야기할 수도 있고, 빨강의 직관을 바라보면서 빨강의 직관 자체를 직관하면서 파악할 수도 있다. 다른 한편, 자체소여 일반을 부정하는 것은 모든 궁극적 규범, 그러니까 인식에 의미를 부여하는 모든 근본 척도를 부정하는 것을 의미한다. 그러나 그러면 사람들은 또한 모든 것을 가상으로 설명해야 하고, 모순적인 방식으로, 가상 자체도 또한 가상으로 설명해야 하며, 그래서 회의주의의 불합리에 빠져들게 된다. 그러나 이런 방식으로 회의주의자에 대항해서 논변을 펼칠 수 있는 사람은 오직 근거들을 보고, 그러한 봄과 직관함, 그리고 명증에 정확히 의미를 맡기는 사람들뿐임이 자명하다. 보지 않는 사람, 혹은 보려고 하지 않는 사람, 말하면서 논변하지만, 모든 모순을 짊어지고 있으면서 동시에 모든 모순을 부정하는 데 계속 머물러 있는 사람, 이런 사람들과 우리는 아무것도 함께 시작할 수 없다. 우리는 "그것이 '명백히' 그러하다"라고 대답할 수가 없다. 회의주의자는 가령 무언가가 "명백히" 존재한다는 사실을 부정하기 때문이다. 이것은 보지 않는 자가 보는 것을 부정하려고 하는 것과 같다. 혹은 더 정확히 말하자면, 보는 자가 그가 보고 있다는 사실과 보는 것이 존재한다는 사실을 부정하고자 하는 것과 같다. 우리는 그가 어떤 다른 의미도 갖고 있지 않으리라는 전제하에서, 어떻게 그런 사람을 설득할 수 있을까?

절대적 자체소여는 내실적으로 개별적인 것의 자체소여, 가령 절대적인 개별적 코기타치오의 자체소여를 의미하지 않는다는 것을 우리는 이미 알고 있다. 우리가 그러한 절대적 자체소여를 고수한다면, 이제 다음과 같은 물음이 생긴다. 절대적 자체소여는 어느 범위까지 다다르는가? 그리고 어느 정도까지, 혹은 어떤 의미에서, 절대적 소여는 코기타치오네스의 영역에, 그리고 코기타치오네스를 일반화시키는 보편성에 매여 있는가? 맨 처음에 쉽게 떠오르는 선입견, 즉 개별적인 코기타치오에서, 그리고 내실적인 내재의 영역에서 유일한 절대적 주어짐을 보는 그러한 선입견을 벗어던졌다면, 이제, 그 밖에 마찬가지로 쉽게 떠오르는 선입견, 즉 마치 이러한 영역에서 끄집어낸 보편적 직관 속에서만 새로이 자체 주어지는 대상성들이 생겨나는 것처럼 생각하는 그러한 선입견 또한 떼어내어야 한다.

사람들은 이렇게 말하며 시작하고 싶어 한다. "우리는 우리가 그 속에서 의식하고 체험하는 코기타치오네스를 반성적 지각에 절대적으로 제시하였다." 그리고 나서 우리는 코기타치오네스와 코기타치오네스의 내실적 계기들 속에서 개별화되는 보편적인 것을 내다볼 수 있고, 직관하는 추상 속에서 보편성들을 파악할 수 있고, 순수하게 이러한 보편성들에 근거하는 본질 연관들을, 직관하면서 관계 짓는 사유 속에서 자체 주어진 사태로 구성할 수 있다. 이것이 전부다.

그러나 근원, 즉 절대적 소여를 직관하는 인식에 있어서, 너무 애써 골똘히 생각하면서 이러한 사유하는 반성들로부터 자칭 자명성들을 길어내는 일보다 위험한 취미는 없다. 그러한 자명성들은 대개 전혀 명시적으로 정식화되지 않는 경향이 있고, 그 때문에 어떠한 직관하는 비판에도 예속되지 않으며, 오히려 무언중에 탐구의 방향을 규정하고 허용되지 않게 한정한다. **직관하는 인식은 오성**Verstand**을 이성**Vernunft**으로 가져오기 위해 앞으로 나아가는 이성이다.**[8] 오성은 끼어들어 말해서는 안 되고, 교환되지 않는 그의 백지수표를 교환되는 것들 사이에 몰래 집어넣어서도 안 된다. 한갓 국고 증권에 기반을 둔 교환과 환전이라는 오성의 방법[9]은 여기서 전혀 문제시되지 않는다.

따라서 가능한 한 오성은 적게, 가능한 한 순수 직관intuitio sine comprehensione을 사용해야 한다. 그런데 우리는 실제로 신비주의자들이 오성적 앎이 아닌 지적 직관을 기술할 때의 말을 떠올릴 것이다. 여기서 요령 전부는, 직관하는 눈에 순수하게 단어를 허용하고, 그 직관에 얽힌 초월하는 사념, 자칭 함께 주어진 것, 함께 생각된 것, 경우에 따라서는 부가적 반성을 통해 해석된 것을 배제하는 데 놓여 있다. 끊임없는 질문은 다음과 같은 것이다. 이렇게 잘못 생각된 것은 진정한 의미에서 주어져 있는가, 가장 엄밀한 의미에서 직관되고 파악된 것인

---

8 이성은 좁은 의미로도 넓은 의미로도 사용될 수 있지만 가장 넓은 의미에서의 이성은 인간의 인식 능력을 말한다. 오성은 감각을 통해 주어진 직관적 자료를 개념화하고 분류하는데, 직관하는 인식이 주어진 경우에만 오성은 이성으로 나아갈 수 있다.

9 오성은 개념을 만들고 판단하는 사유능력이자 감각적 직관을 통해 주어진 것을 종합 통일하여 정돈하는 사유 규칙의 능력이다. 오성은 감각적으로 직관된 것을 정돈하는 능력일 뿐이기에 직관된 것의 주어짐 없이 끼어들어 말하거나 감각 내용이 없는 백지수표와 같은 공허한 판단을 직관된 것들 사이에 몰래 집어넣어서는 안 된다. 또 오성의 사유 규칙은 판단들 간의 추론적 관계를 통해 판단들을 교환할 수 있지만 여기서 중요한 문제는 이러한 추론적 능력이 아니라 직관하는 인식이므로 오성의 방법은 여기서 전혀 문제시되지 않는다고 말하고 있다.

가, 혹은 잘못 생각한 것은 그러한 것들을 넘어서 나아가는 가?

이것을 전제하면, 우리는 즉시 다음과 같은 사실을 알게 된다. 즉 직관하는 탐구가 소위 **내적 지각**의 영역 내부에서 움직이며, 그러한 내적 지각 위에 구축된 순수 내재적인 추상, 내적 지각의 현상과 현상-계기를 이념화하는 추상의 영역 내부에서 움직인다고 믿는 것은 하나의 **가설**Fiktion이라는 사실을 말이다. 대상성의 다양한 양태가 있고, 그것들과 더불어 소위 소여들의 다양한 양태가 있다. 아마도 소위 '내적 지각'의 의미에서의 존재자의 소여도, 그리고 또 자연적이고 객관화하는 학문의 존재자의 소여도 각기 이러한 소여들 중 하나에 지나지 않는다. 반면에 다른 것들은, 비록 존재자가 아닌 것으로 불리더라도, 또한 소여들이며 그것이 소여라는 점을 통해서만 저 다른 것들과 대립되고, 명증 속에서 저 다른 것들과 구별될 수 있다.

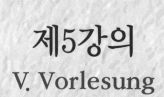

제5강의

V. Vorlesung

제5강의

1. 시간 의식의 구성

우리가 코기타치오의 명증을 규명하였고, 보편적인 것의 명증적 소여라는 추가적인 단계를 승인하였다면, 이러한 단계는 즉시 더 멀리까지 나아가게 된다.

색을 지각하고 이때 환원을 수행하면서, 나는 순수한 색 현상을 획득한다. 그리고 이제 내가 순수한 추상을 수행한다면, 나는 현상학적 색 일반이라는 본질을 획득한다. 그러나 나는 명료한 상상을 할 때도 이러한 본질을 완전하게 소유하는 것일까?

기억에 관해 말하자면, 그것은 그렇게 간단한 것이 아니다. 기억은 이미 다양한 대상성의 형태와 소여성의 형태들을 서로 얽힌 채로 제공해 준다. 사람들은 소위 **일차적 기억**, 즉 각각의 지각과 필연적으로 얽혀 있는 **파지** Retention[1]를 가리킬 수 있다. 우리가 지금 체험하는 체험은 직접적인 반성 속에서 대상적인 것이 된다. 그리고 그 체험에는 즉시 동일한 대상적인 것이 나타난다. 동일한 음은 조금 전에 아직 현실적인 현재로 존재했고, 계속해서 동일한 것이지만, 과거 속으로 물러나며, 이때 동일한 객관적 시간 점을 구성한다. 그리고 만약 그 음이 중단되지 않고 지속된다면, 그리고 그렇게 지속되는 동안 내용적으로 동일한 것으로 나타나든 내용적으로 변화하면서 나타나든, 거기서 그 음은 지속하거나 변화한다는 사실이 (특정한 한계 내에서) 파악되지 않는가? 그리고 거기에는 다시금, 직관은 순수한 지금 점 **너머에까지 다다르고**,[2] 그때그때의 새로운 지금 속에서 더 이상 지금 존재하지 않는 것을 붙잡을 수 있으며, 명증적인 소여의 방식에서 과거구간을 확신할 수 있다는 사실이 놓여 있지 않을까? 여기서 다시 한편에서는 존재

---

1 파지Retention는 후설 현상학에서 가장 근원적인 의식층인 시간의식의 활동을 가리키는 용어로서 현재 국면의 근원인상Urimpression에서 산출되어 의식된 것이 과거로 밀려날 때 현재 국면에서 의식되었던 것을 여전히 의식에 붙잡고 있는 의식이다. 파지와 대비되는 개념은 예지Protention라는 개념인데, 예지란 곧 다가올 것을 기다리는 의식이다. 현재 지각장은 하나의 점적인 순간에 속하는 것이 아니라 두께와 폭을 갖는 것으로 파지-근원인상-예지의 구조를 갖고 있다. 파지가 1차적 기억으로서 근원인상에 혜성의 꼬리처럼 연결되어 현재 지각장에 속하는 것이라면 재기억Wiedererinnerung은 현재와 단절된 먼 과거의 것을 떠올리는 2차적 기억이다. 마찬가지로 예지가 현재 국면에 붙어서 방금 펼쳐질 것을 예상하는 1차적 예상이라면 기대Erwartung는 현재와 멀리 떨어져 있는 미래의 것을 미리 떠올려보는 2차적 예상이라고 할 수 있겠다.
2 '도-레-미'라는 멜로디가 울려 퍼질 때, '도'가 지나가고 '레'가 울리는 시점에서도 우리의 의식은 '도' 음을 붙잡고 있다.

하고 존재했던, 지속하고 변화하는 그때그때의 대상적인 것이, 그리고 다른 한편에서는 그때그때의 현재 현상과 과거 현상, 지속 현상과 변화 현상들이 구별된다. 이 현상들은 그때그때 하나의 지금이며, 그것이 품고 있는 자신의 음영 속에서, 그리고 그것 자체가 겪고 있는 자신의 부단한 변화 속에서, **시간적인 존재**를 현상으로, 나타남으로 가져온다. 대상적인 것은 현상의 내실적 부분이 아니며,[3] 현상 속에서는 결코 발견될 수 없고 현상 속으로는 용해될 수 없는 무언가를 자신의 시간성 속에서 갖고 있다. 그럼에도 그것은 현상 속에서 구성된다. 대상적인 것은 현상에서 나타나며 현상 속에서 '존재하는 것'으로서 명증적으로 주어진다.

2. 본질의 명증적 소여로서의 본질 파악: 개별적 본질의 구성과 보편성 의식의 구성

계속해서, 본질소여에 관해 말하자면, 그것은 지각과 지각에 얽힌 파지들에 토대하여 구성되면서 현상 자체에서 보편적인 것을 소위 끄집어내기만 하는 것이 아니라, 현출하는 대

---

3 '도-레-미'라는 멜로디가 울려 퍼질 때, '미'가 울리는 국면에서 '도-레-미' 멜로디 통일체는 의식에 대상적인 것으로 존재하지만, '미' 음이 울리는 시점에서의 의식 체험 현상에 내실적으로 속해있지는 않다. '도'와 '레'는 이미 지나가 버린 음이기 때문에 '미' 음이 울리는 시점의 의식에는 포함되어 있지 않기 때문이다.

상을 **일반화**하고, 현출하는 대상과 관련하여 보편성을 정립한다. 가령 시간적인 내용 일반, 지속 일반, 변화 일반을 정립하는 것이다. 더 나아가 상상과 회상 또한 토대로서 본질소여에 기여할 수 있다. 상상과 회상은 그 자체로 순수하게 파악될 수 있는 가능성들을 제공한다. 동일한 의미에서 그것들은 이러한 작용들로부터 보편성을 끄집어내는데, 이러한 보편성은 다른 한편에서는 그러나 이러한 작용들에 내실적으로 포함되어 있지 않다.

다음과 같은 사실은 명백하다. 즉 완전히 명증적인 본질 파악은 개별적인 직관을 **돌이켜 지시한다**. 이러한 직관의 토대 위에서 본질 파악은 구성되어야만 한다. 그러나 그 때문에 본보기 개별자를 내실적으로 지금 현전하는 것으로서 준 개별적인 지각을 돌이켜 지시하는 것은 아니다. 현상학적 음질, 음강도의 본질, 색조, 밝음의 본질은 그 자체로 주어진다. 그러나 이념화하는 추상이 **지각**에 토대하여 수행되든 **상상 현전화**에 토대하여 수행되든 (이러한 본질은) 마찬가지로 그 자체로 주어지며, 현실적인 **실존 정립**과 변양된 **실존 정립**은 양쪽 모두에서 중요치 않다.[4] 판단, 긍정, 부정, 지각, 추론과 같은, 본

---

4 본질 직관에서 우리는 본보기로서의 개별자 하나를 취하여 그것을 무한히 자유변경함으로써 본보기와 자유변경한 무한한 모상들에서 중첩되는 공통적인 것(즉 본질)을 획득하게 되는데, 이때 본보기로서의 개별자는 지각된 것에서 취해져도 되지만 상상 속에서 취해져도 무방하다. 가령 책상의 본질을 산출할 때 우리는 실제 책상을 지각하지 않고 상상 속에서 여러 형태의 책상들을 무한히

래적 의미에서 심리적 자료 종과 관계하는 본질 파악에서도 동일한 것이 타당하다. 그리고 그것은 물론 더 나아가 그러한 보편성들에 속하는 일반적인 사태들에 대해서도 타당하다. 두 음조에서 하나는 낮은 음조이고 다른 하나는 높은 음조이며, 이 관계는 뒤집을 수 없다는 통찰은 직관 속에서 구성된다. 예들이 눈앞에 주어져야만 하지만, 예들이 꼭 지각 사태에 관한 방식 속에서 주어져야 하는 것은 아니다. 본질 고찰에 있어서 지각과 상상표상은 완전히 동일한 지위에 있다. 양쪽으로부터 동일한 본질이 똑같이 잘 끄집어내어져 직관될 수 있으며, 추상될 수도 있다. 그래서 짜 넣어진 실존 정립들은 중요치 않다. 지각된 음은 어떤 의미에서 그것의 질, 강도 등등과 함께 **실존**하고, 우리가 곧바로 꾸며낸 음이라고 말하는 상상의 음은 **실존하지 않는다**는 사실, 하나는 명증적으로 내실적으로 현전하고, 다른 하나는 그렇지 않다는 사실, 회상의 경우에는 그것은 지금이 아니라 있었던 것으로 정립되고 지금은 다만 현전화되고 있다는 사실, 이런 것들은 다른 고찰에 속한다. 본질 고찰에서 그것은 문제시되지 않으며, 본질 고찰을 제외하면 이 차이들은 (이 차이들도 또한 소여를 갖는데) 제시하는 것으로, 그리고 소여를 넘어 일반적 통찰들을 확립하는 것으로 향한다.

자유변경해보아도 된다.

그 밖에도, 놓여 있는 예가 지각 속에서 주어질 때조차, 지각소여에 실존이라는 탁월성의 표징을 부여하는 것은 고찰되지 않는다는 점이 분명하다. 상상은 본질 고찰에 있어서 지각과 똑같이 기능할 뿐 아니라, 또한 그 자체 안에 **개별적인 소여**들을, 그것도 정말로 명증적인 소여들로서 개별적인 소여들을 포함하고 있는 듯이 보인다.

떠올림의 정립을 갖지 못한 것으로서 **단순한 상상**을 취해보자. 상상된 색[5]은 감각의 색이라는 의미에서는 소여가 아니다. 우리는 상상된 색과 이러한 색을 상상하는 체험을 구별한다. 색이 나에게 어른거리는 것은 (거칠게 표현하자면) 지금이고, 지금 존재하는 코기타치오이다. 그러나 색 자체는 지금 존재하는 색이 아니다. 그것은 감각되지 않는다. 다른 한편, 그럼에도 불구하고 어떤 방식으로는 그것은 주어진다. 상상된 색은 정말로 내 눈앞에 어른거린다. 감각의 색과 마찬가지로 상상된 색도 모든 초월적 의미들을 배제함으로써 환원될 수 있다. 상상된 색은 나에게 그 종이의 색, 그 집의 색과 같은 것을 의미하지는 않는다. 모든 경험적인 실존 정립은 보류될 수 있다. 그러면 나는 마치 정확히도, 내가 그것을 '직관하듯이', 유사하게 '체험하듯이' 그렇게 상상된 색을 가진다. 그럼에도 불구하고 상상된 색은 상상 체험의 내실적 부분이 아니다. 그것

---

5 가령 빨강을 직접 지각하는 것이 아니라 빨강을 상상하는 경우를 가리킨다.

은 현전하는 것이 아니라 현전화된 색이다. 그것은 **마치** 눈앞에 있는 듯하지만, 내실적 현전으로서 그러한 것이 아니다. 그러나 이 모든 것에도 불구하고, 상상된 색은 직관되며, 직관된 것으로서 특정한 의미에서는 주어지는 것이다. 나는 그와 더불어 그것을 물리적 **존재** 혹은 심리적 **존재**로 정립하지는 않는다. 나는 진정한 코기타치오의 의미에서의 존재로서 그것을 정립하지도 않는다. 왜냐하면 이러한 것(코기타치오)은 내실적 지금이고, 명증과 함께 내실적 소여로서 특징지어지는 소여이기 때문이다. 상상의 색이 이러저러한 의미에서 주어져 있지 않다는 것은 그러나, 그것이 어떠한 의미에서도 주어져 있지 않음을 뜻하지는 않는다. 상상의 색은 현출하고 그 자체로 현출한다. 그것은 자신 자체를 나타내고, 나는 현전화 속에서 그것 자체를 직관하면서 상상의 색에 대해 판단할 수 있고, 상상을 구성하는 계기들과 그것의 연관들에 대해 판단할 수 있다. 물론 이러한 것들(상상을 구성하는 계기들과 그것의 연관들)도 동일한 의미에서 주어져 있고, 동일하게 전체 상상 체험에서 '현실적으로' 실존하지 않으며, 내실적으로 현전하지 않고 다만 '표상될 뿐이다.' 한갓 **내용**, 그러니까 나타나는 것의 특수한 본질을 표현하는 순수한 상상 판단은, 결코 현실적 시간 속의 현실적 존재로서의 존재에 대해, 현실적인 지금 있음, 과거에 있음, 미래에 있음에 대해 판단하지는 못한 채; 이것이 이러한 계기들을 포함하고 있는 성질을 지니고, 그러그러하게 변한다는 식으로 이야기할 수 있다. 그래서 **개별적 본질**에 대해서는 판단되나 실존에 대해서는 판단되지 않는다고 우리는 말할 수 있으리라. 바로 그 때문에 우리가 보통 바로 본질 판단이라고 부르는 보편적인 본질 판단은 지각과 상상의 차이에 달려 있는 것이 아니다. 지각은 **실존**을 정립하지만, 역시 **본질** Essenz을 갖는다. 그리고 이때 실재하는 것으로 정립된 **내용**은 현전화 속에서와 동일한 것일 수 있다.

그러나 **실존**과 **본질**을 대립시키는 것은 자체소여의 두 방식에서 두 가지 존재 방식이 밝혀지고 구별될 수 있음을 의미하지는 않는다. 어떤 색을 단순히 상상할 때, 그 색을 시간 속에 현실적인 것으로 부착시키는 실존은 물음 밖에 있다. 실존에 대해서는 아무것도 판단되지 않으며, 상상의 **내용** 속에서 실존에 대해 주어지는 것은 아무것도 없다. 그러나 이 색은 현출하고 거기에 있다. 이 색은 판단의 주어가 될 수 있으며, 그것도 명증적 판단의 주어가 될 수 있는 하나의 '이것'이다. 그래서 소여의 어떤 양태가 상상 직관에서도, 그리고 상상 직관에 근거하는 명증적 판단에서도 나타난다. 물론 우리가 개개의 개별적 영역 속에 머물러 있다면, 그와 같은 판단들로는 많은 것을 시작할 수 없다. 우리가 보편적인 본질 판단을 구성할 때에만, 학문이 요구하는 확고한 객관성을 획득한다. 그러나 여기서는 이것이 문제가 아니다. 우리는 이것으로 큰 소용돌이에 빠져드는 것처럼 보인다.

출발점은 코기타치오의 **명증**이었다. 거기서 우선은 우리가 하나의 확고한 토대를, 순전히 **순수한 존재**를 갖고 있는 듯이 보였다. 여기서 우리는 그저 단순히 손을 뻗쳐서 잡고 직관하기만 하면 되는 것 같았다. 이러한 소여들에 관해 비교하고 구별하며, 거기서 특수한 보편적인 것들을 밝혀내고 그렇게 본질 판단을 획득할 수 있다는 것을 사람들은 쉽게 인정하고 싶어 한다. 그러나 이제 코기타치오의 순수한 존재는 자세한 고찰 속에서는 전혀 그렇게 단순하게 나타나지 않는다는 것이 드러난다. 데카르트적 영역에서도 이미 **다양한 대상성**들이 '구성된다'는 사실이 드러난다. 구성한다는 것은, 처음에 그래 보이듯, 내재적인 소여들이 마치 상자 속에 있는 것처럼 단순히 의식 속에 있음을 뜻하는 것이 아니라 내재적 소여들이 그때그때 '현상'과 같은 무언가 속에서, 그 자체는 대상들이 아니며 대상들을 내실적으로 포함하지 않는 현상들 속에서 자신을 나타냄을 뜻한다. 이 현상들은 바로 그러한 특성과 형태의 현상들이 거기서 '소여'라 불리는 것에 놓여 있는 것에 속하는 한, 주목할 만한 변화하는 현상의 구조 속에서 자아에게 대상들을 어느 정도로는 창조한다.[6]

---

6 주어진 현상들 속에서 대상이 구성된다. 이때 구성된 대상은 순수하게 주어진 것들을 넘어서는(초월하는) 것으로서 '어떤 의미에서는' 현상에서 대상이 창조된다고 말할 수도 있겠다. 가령 우리는 내 앞에 순수하게 주어진 특정한 감각 내용을 토대로 주어진 감각 내용을 넘어서 그 특정 감각 내용을 가령 '책'이라고 의미부여하거나 '나무'라고 의미부여한다. 이러한 의미부여작용이 구성작용이

3. 범주적 소여성

근원적인 시간 대상은 파지와 더불어 지각 속에서 구성되고, 단지 그러한 의식 속에서만 시간이 주어질 수 있다. 보편적인 것은 지각이나 상상 위에 구축된 **보편성 의식**에서 구성되고, 개별적 **본질**의 의미에서의 직관 내용은 상상에서 구성되나, 실존 정립을 도외시함에도 불구하고 지각 속에서도 구성된다. 곧 다시 이 점을 기억하기 위해서, 여기서 언제나 명증적 언명들의 전제가 되는 범주적 작용들이 여기에 속한다. 거기서 등장하는 범주적 형식들은, 말 속에서, '**이다**'와 '**아니다**', '**같음**'과 '**다름**', '**하나**'와 '**다수**', '**그리고**'와 '**또는**'처럼 술어의 형식이나 부가어의 형식으로 표현되는데, 이것들은 사유의 형식들을 지시하며, 그러한 사유의 형식을 매개하여 그것들이 적절히 구축된다면, 종합적으로 결합될 수 있는 요소작용들의 토대 위에서 소여성들이, 즉 이러저러한 존재론적 형식의 사태들이 의식으로 온다. 여기에서도 그때그때의 대상성이 그러그러하게 형성된 사유작용들 속에서 '**구성**'되는 일이 일어난다. 그리고 주어짐, 말하자면 사태의 순수한 직관이 수

며 다른 말로 초월작용이다. 이때 '책'이나 '나무'라는 의미는 감각 내용처럼 의식 현상에 내실적으로 속해 있는 것이 아니라 의식 현상을 넘어서(초월하여) 구성된 것이므로 구성작용은 초월작용이라고도 불린다. 그리고 이러한 초월기능을 담당하는 의식 주관을 우리는 초월론적 주관이라고 부른다.

행되는 의식은, 재차 말하건대, 이러한 소여가 단순히 들어 있는 한갓 상자와 같은 것이 아니고, **직관하는 의식**이며, (주의를 기울이지 않으면) 그것은 그러그러하게 형성된 사유작용들이다. 그리고 그럼에도 불구하고 사유작용이 아닌 것이 사유작용들 속에서 구성되며, 사유작용들 속에서 소여로 온다. 그리고 본질적으로 그렇게 해서만 그것은 그것인바대로 구성되는 것으로 드러난다.

그러나 그것은 순전히 기적이 아닌가? 이러한 대상성이 구성되는 일은 어디에서 시작하고 어디에서 끝나는가? 거기에는 진짜 끝이 있는가? 하나의 소여는 어떤 의미에서 각각의 표상작용과 판단작용 속에서 수행되지 않는가? 소여가 그러그러하게 직관되고, 표상되고, 생각되는 한, 모든 대상성은 하나의 소여이며, 명증적인 소여가 아닌가? 외부 사물에 대한 지각 속에서는, 그러니까 눈앞에 서 있는 집이라고 이야기해도 좋을 텐데, 바로 사물이 지각된다고 불린다. 이러한 집은 하나의 초월이며, 현상학적 환원 후에는 실존이 탈락된다. 정말로 명증적으로 주어진 것은 집의 현출, 즉 이러한 코기타치오이며, 이것은 의식의 흐름 속에서 떠올랐다가 흘러가버린다. 이러한 집 현상에서 우리는 빨강 현상, 연장 현상 등등과 같은 것을 발견한다. 그것들은 명증적인 소여들이다. 그러나 집 현상에서 바로 하나의 집이 현출하고, 바로 그 때문에 그것을 하나의 집-지각이라고 부르는 것이 또한 명증적이지 않을까? 그리고 이 집은 일반적인 집일뿐 아니라 그러그러하게 규정되고, 그러한 규정성 속에서 현출하는 바로 이 집이다. 그러면 나는 현상적으로 혹은 이러한 지각의 의미에서 그 집이 그러그러하게 존재하고, 하나의 벽돌 건축이며, 슬레이트 지붕을 갖고 있다는 등등으로 명증적으로 판단하며 이야기할 수 있지 않을까?

그리고 가령 성 게오르그 기사가 용 괴물을 죽이는 장면이 내 눈앞에 어른거리는 식으로, 내가 상상 속에서 하나의 허구를 수행하는 경우, 그 상상현상이 바로 성 게오르그를, 그리고 그것도 그러그러하게 묘사된 바로 거기의 이 성 게오르그를 표상한다는 것은 명증적이지 않을까? 그리고 더욱이 지금 이 '초월'을 표상한다는 것은 명증적이지 않을까? 나는 여기서 상상 현출의 내실적 내용에 대해서가 아니라 현출하는 사물 대상에 대해 명증을 갖고서 판단할 수 있지 않을까? 물론 대상의 한 측면만이, 그리고 때로는 이 측면과 저 측면만이 본래적인 현전화의 범위 속에 떨어진다. 그러나 어떠하더라도 그럼에도 불구하고 자명한 것은, 성 게오르그 기사라는 이 대상이 현출의 의미 속에 놓여 있고, 현출 속에서 '소여로서' 현상적으로 나타난다는 것이다.

4. 기호적으로 생각된 것 자체

그리고 드디어 소위 **기호적 사유**에 대해 이야기해보자. 나는 가령 아무런 직관 없이 '2 곱하기 2는 4'라고 생각한다. 이러한 수 명제를 생각하고 있고, 생각한 것은 가령 오늘 날씨 같은 것과는 무관하다는 것을 의심할 수 있을까? 그런데 거기서도 나는 명증을, 그러니까 소여와 같은 무언가를 갖는가? 모순된 것, 완전히 불합리한 것도 어떤 방식으로는 '주어져 있다'고 인정해야만 하는 데까지 멀리 나아간다면, 모든 것이 아무 도움도 안 된다. 둥근 사각형은 용 괴물이 현출하는 것처럼 상상 속에서 현출하지 않는다. 또 임의의 외부 사물처럼 지각 속에서 현출하지도 않는다. 그러나 그럼에도 불구하고 지향적 대상은 명증적으로 거기에 있다. 나는 '둥근 사각형을 생각함'이라는 현상을, 그것의 내실적 내용에 따라서 기술할 수 있다. 그러나 그럼에도 불구하고 둥근 사각형은 거기에 없다. 그럼에도 자명한 것은, 둥근 사각형이 이러한 사유 속에서 생각되며, 그렇게 생각된 것 자체에 둥긂과 사각형이 덧붙여 생각된다는 것, 혹은 이러한 사유의 대상은 둥글면서 동시에 사각형이라는 것이다.

5. 가장 넓은 범위의 탐구 영역: 인식에서 대상성의 다양한 양태의 구성-인식과 인식 대상성의 상관관계의 문제

그러나 마지막 행에서 상술된 소여들이 진정한 의미의 진짜 소여들이라고는 이제 결코 이야기해서는 안 된다. 왜냐하면 이에 따르면, 결국 지각된 것, 표상된 것, 꾸며진 것, 기호적으로 표상된 것, 허구나 불합리한 것들도 모두 '명증적으로 주어진' 것이 되어버리기 때문이다. 그래서 다만 여기에 **커다란 어려움이 놓여 있다**는 점만이 지시되어야 한다. 이 어려움들은 그것들이 해명되기 전에는, **진짜 명증이 다다르는 곳까지, 소여가 도달한다**고 말하는 것을 원리적으로 막을 수 없다. 그러나 물론 도처에 커다란 물음이 있을 것이다. 명증을 수행하면서, 명증 속에 실제로 주어진 것이 무엇이며, 주어지지 않은 것은 무엇인지, 무엇이 비본래적 사유를 여기에 끌어들이고, 소여 근거 없는 것을 집어넣어 해석하는지를 순수하게 규명하기 위해서는 물론 도처에 커다란 물음이 있게 될 것이다.

그리고 언제나 문제가 되는 것은 임의의 현출들을 주어진 것으로서 규명하는 일이 아니라 소여의 본질을, 그리고 다양한 대상양태들이 구성됨을 통찰로 가져오는 일이다. 확실히, 모든 사유 현상은 대상적 관계를 갖는다. 이것은 최초의 본질 통찰인데, 모든 사유 현상은, 그것의 내실적 내용을 갖는다. 그리고 이러한 내실적 내용은 내실적 의미에서 그 내실적 내용을 합성하는 계기들의 총계이다. 다른 한편, 사유 현상은 지향적 대상을 소유하는데, 지향적 대상은, 사유 현상이 대상의 본질 특성에 따라 그러그러하게 구성된 것으로 생각한 대상이다.

　이러한 사태가 실제로 명증으로 다가온다면, 이러한 명증은 틀림없이 우리에게 필요한 모든 것을 가르쳐 줄 것이다. 이 명증 속에서 이러한 '지향적 내존intentionale Inexisternz'이 원래 무엇을 의미하는지, 그리고 그것이 사유 현상 자체의 내실적 내용과 어떤 관계에 있는지가 명백해진다. 우리는 어떠한 연관에서 이 지향적 내존이 진짜 본래적 명증으로서 등장하는지, 이러한 연관 속에서 무엇이 진짜의 본래적 소여인지를 살펴보아야만 한다. 이제 문제가 되는 것은, **본래적 소여의 다양한 양태** 내지는 **대상성의 다양한 양태들의 구성**, 그리고 **서로에 대한 관계들**을 해명하는 일이다. 즉 코기타치오의 소여, 신선한 기억 속에 남아 있는 코기타치오의 소여, 현상적 흐름 속에서 지속하는 **현출 통일체**의 소여, 그와 같은 것의 **변화**의 소여, '외부' 지각 속에서의 **사물**의 소여, 상상과 회상의 다양한 형태들의 소여 및 상응하는 관계들 속에서 종합적으로 통일되는 다양한 **지각**의 소여, 그리고 그 밖의 **표상들**의 소여를 해명하는 일이다. 물론 **논리적 소여**, **보편성**의 소여, **술어**와 **사태** 등등의 소여, 그리고 **배리**, **모순**, **비존재** 등등의 소여를 해명하는 일도 포함된다. 소여는 언제나 그 속에서 한갓 표상된 것이 나타나든 진짜 존재하는 것이 나타나든, 실재적인 것이 나타나든, 이념적인 것이 나타나든, 가능적인 것이 나타나든 불가능한 것이 나타나든, **인식 현상 속에서의 소여**이며, 가장 넓은 의미에서 사유 현상 속의 소여이다. 그리고 이러한 소여는 언제나 우선은 이러한 아주 놀라운 상관관계의 본질 고찰 속에서 추적되어야 한다.

대상성 일반의 본질은 단지 인식 속에서만 근본 형태들에 따라서 연구될 수 있으며, 인식 속에서만 주어지고, 또 명증적으로 직관될 수 있다. 이러한 **명증적 직관**이야말로 그 자체로 **엄밀한 의미에서의 인식**이다. 그리고 대상성은, 마치 인식이 언제나 동일한 공허한 형식이고 동일한 공허한 자루인데, 한 번은 이렇게 다른 한 번은 저렇게 자루에 꽂혀 있는 듯이 인식에 꽂혀 있는 사물이 아니다. 그런 것이 아니라 소여 속에서 우리는 **대상이 인식에서 구성되는 것**을 본다. 그리고 대상성의 그렇게 많은 근본 형태들이 구별된다는 사실, 제시하는 인식작용의 그렇게 많은 근본 형태들, 그리고 인식작용의 집단들, 연관들이 구별된다는 사실을 본다. 그래서 인식작용, 넓게 파악하자면 사유작용 일반은 연관 없는 개별적인 것들이 아니며, 의식의 흐름 속에서 연관 없이 왔다가 사라지는 것이 아니다. 그것들은 본질적으로 서로 관계하면서, 목적론적으로 **함께 속해 있음**을 나타내고 충족, 확증, 증명, 그리고 그것에 반대되는 것의 상응하는 연관들을 나타낸다. 그래서 오성에 적합한 방식으로 통일을 제시하는 이러한 **연관들**이 문제가 된다. 그것들은 그 자체 대상성을 구성하는 연관이며, 비본래적으로 주어진 작용들과 본래적으로 주어진 작용들을 논리적으로 결합시키고, 한갓 표상의 작용들 혹은 한갓 믿음의 작용들과 통찰의 작용들을 결합시키며, 그것이 직관적인 사유이든 비직관적인 사유이든, 동일한 대상적인 것과 관계하는 다양한 작용들을 결합시킨다.

그래서 이러한 연관들 속에서야 비로소 객관적 학문의 대상성이, 무엇보다도 실재하는 시공간적 현실성의 대상성이, 단번에가 아니라 점증하는 과정 속에서 구성된다.

인식의 본질이라는 거대한 문제를 해명하기 위해서, 그리고 **인식과 인식 대상의 상관관계**의 의미를 해명하기 위해서 이 모든 것이 연구되어야 하되, 순수한 명증의 영역에서 연구되어야 한다. 근원적인 문제는 **주관적인 심리학적 체험과 그 속에서 파악된 현실성 자체와의 관계**였다. 우선은 사실적 현실성과의 관계였으며, 더 나아가서는 또한 수학적인 현실성들, 그리고 그 밖의 이념적인 현실성들과의 관계였다. 그것은 무엇보다, **근본적인 문제는 도리어 인식과 대상 사이의 관계 위로 가야만 한다는** 통찰을 필요로 한다. 그러나 환원된 의미에서 그러한데, 그러한 의미에 따르면, 이야기는 인간적 인식이 아니라, 경험적 자아이든, 실재 세계이든, 그런 것들과의 그 어떤 실존적 공동 정립의 관계도 없는, 인식 일반에 관한 것이 된다. 그것은 진정으로 중요한 문제가 **인식의 궁극적 의미부여**라는 통찰을 필요로 한다. 그리고 그와 더불어 동시에 대상성 일반의 궁극적 의미부여라는 통찰을 필요로 하는데, 이러한 대상성은 가능한 인식과의 상관관계 속에서만 그것인바대로 있다. 더 나아가 이러한 문제는, 절대적 소여인 까닭에, 다만 순수 명증의 영역 내부에서, 즉 궁극적으로 규범을 주는 명증의 영역 내부에서만 해결될 수 있다는 통찰을 필요로 한다. 그리고 그에 따라서, 밝혀야 할 모든 상관관계의 의미를 규정하기 위해서는, 우리는 개별적인 방식으로, 인식의 모든 기본 형태들을, 그리고 완전하게든 부분적으로든 인식에 소여로 오는 대상성들의 모든 근본 형태들을, 직관적인 처리 방식 속에서 추적해야만 한다는 통찰을 필요로 한다.

부록
Beilagen

부록 1

인식에는 자연이 주어져 있다. 그러나 인식에는 또한 자신의 집단 속에, 그리고 자신의 문화적 활동 속에 존재하는 인류도 주어져 있다. 이 모든 것은 **인식된다**. 그러나 문화의 인식에는 대상성의 의미를 구성하는 작용으로서 가치평가함과 의지함도 속한다.

인식은 자아의 변화하는 체험들과 감정들, 행위들 속에서 변화하는 의미를 지니는 대상과 관계한다.

형식적인 **논리적** 의미론과 타당한 의미들로서의 참된 명제들에 관한 이론의 곁에, 자연적 태도에서 우리는 여전히 **다른 자연적인 학문 연구들**을 갖는다. 우리는 대상들의 근본류(영역들)를 구분한다. 예를 들면 우리는 원리적 보편성 속에 있는 단순한 물리적 대상을, 그리고 그러한 단순한 물리적 자연과 자연의 모든 대상에 그 자체로 그리고 자연 객체와 관계하며 분리 불가능하게 속해 있는 것을 그와 같은 근본 영역으로 숙고한다. 우리는 자연의 존재론을 연구한다. 여기서 우리는 의미를, 그러니까 여기서는 자연 인식의 대상이자 자연 인식 속에서 사념된 객체인 자연 객체의 타당한 의미를 해명한다. 그러한 작업 없이는, 가능한 외적인 자연 경험의 객체인 가능한 자연 객체는, 그것이 정말로 존재할 수 있어야만 한다면, 생각될 수 없다. 그래서 우리는 외적 경험(사념된 대상)의 의미를 숙고하고, 더욱이 그러한 의미를 분리 불가능한 구성 요소들에 따라 그 **진리** 속에서, 그 참되거나 타당한 존립 속에서 숙고한다.

마찬가지로 우리는 예술작품 일반의 참된 의미를 숙고하고, 하나의 특정한 예술작품의 특수한 의미를 숙고한다. 첫 번째의 경우 우리는 예술작품의 '본질'을 순수한 일반성 속에서 연구하고, 두 번째의 경우, 실제로 주어진 예술작품의 실제적 내용을 연구하는데, 이는 가령 베토벤의 교향곡과 같은 특정한 대상을 (그것의 참된 규정성들에 따라 참되게 존재하는 것으로서) 인식하는 것과 다를 바 없다. 마찬가지로 우리는 국가 일반의 본질을 일반적으로 연구하거나 아니면 한 시기의 독일 국가의 본질을 일반적 특징에 따라 혹은 완전히 개별적인 규정성들에 따라 경험적으로 연구하기도 한다. 그러니까 '독일이라는 국가'의 이러한 개별적인 대상적 존재를 연구하기도 한다. 이는 지구라는 개별 대상에 대한 자연적 규정의 경우에도 마찬가지이다. 우리는 경험적 연구의 곁에, 경험적 법칙성과 개별적인 법칙성의 곁에, 존재론적 연구를 갖는데, 이러한 연구는 형식적 일반성에서뿐만 아니라 사태적인 영역적 규정성에서도 참으로 타당한 의미들을 연구하는 것이다.[1]

물론 순수한 본질 탐구는 어디에서도 행해지지 않았으며,

단지 예외적으로만 완전한 순수성 속에서 탐구되었다. 아무튼 많은 그룹의 학문 연구들이 이러한 방향을 가리킨다. 그리고 그것들은 사실은 자연적 지반 위에 머물러 있다. 게다가 심리학적 연구는 일반적으로 혹은 해당되는 대상 영역과의 관계 속에서 인식 체험과 자아-활동들을 향했다. 주관적인 방식으로. 즉 그러한 대상들이 우리에게 어떻게 주어지는지, 주관이 대상들과 어떻게 관계하는지, 주관이 대상들에 대해 그러한 '표상들'을 형성하는 데에 어떻게 이르는지, 이 경우 어떤 특수한 작용 성질들과 체험 성질들이 (경우에 따라서는 가치평가하면서 의지적으로) 자신의 역할을 수행하는지 연구했다.

추가로 이야기해보자.

대상의 존재 자체에 도달할 가능성의 문제는 우선은 오직 자연의 관점에서만 민감한 문제다. 자연은 우리가 인식하면서 자연과 더불어 존재하든 안 하든, 그 자체로 존재하고, 자신의 진행 과정에 따라 그 자체로 흘러간다고 이야기된다. 우리는 사람들의 신체성에 깃든 표정을 통해서, 그러니까 물리적인 물체를 통해 사람들을 인식하는데, 예술작품이나 그 밖의 문화적 대상들의 경우에도 그러하며, 다른 한편으로 사회

---

1 존재론은 존재자의 본질적인 성격을 다루는 학문이다. 후설은 존재론을 형식 존재론과 영역 존재론으로 나누는데, 형식 존재론은 그 무엇을 탐구하든 모든 학문이 따라야 할 형식적인 조건이나 본질 법칙을 탐구한다. 이에 반해 영역 존재론은 특정한 대상 영역에만 타당한 본질적인 가정들을 탐구한다.

공동체들의 경우에도 마찬가지이다. 그래서 우선은 자연 인식의 가능성을 이해하기만 한다면, 다른 모든 인식의 가능성은 심리학을 통해 이해될 수 있을 것처럼 보인다. 그러나 인식하는 사람은 자신의 고유한 영혼의 삶을 직접 경험하고, 다른 영혼 삶은 '타인 경험' 속에서 자신과의 유비를 통해 경험할 수 있으므로, 심리학은 그 밖의 특별한 어려움을 주지 않는 것처럼 보인다. 우리는 얼마 전까지의 인식이론처럼 자연 인식의 이론에 논의를 국한해보자.

부록 2

수정과 보충의 시도. 내가 존재하는 것처럼 존재해 있고, 내가
존재했던 것처럼 존재했었고, 내가 존재할 것처럼 내가 존재
할 것이라고 가정해보자. 이 경우 나의 시 지각과 촉각 지각과
그 밖의 어떤 지각도 결여되어 있지 않다고 가정해보자. 그리
고 나의 통각 과정, 나의 개념적 생각들, 나의 표상, 그리고 사
유 체험과 체험 일반 그 어느 것도 결여되어 있지 않아서 그것
들 모두를 그것들의 구체적인 충만 속에서, 그것들의 특정한
정돈과 결합 속에서 취했다고 가정해보자. 무無 외에는 그 밖
에 전적으로 아무것도 없으리라는 생각을 방해했던 것은 무
엇인가? 전능한 신이나 속이는 악령이 나의 영혼을 그렇게 창
조하여 영혼 속에서 사념된 모든 대상들이 영혼 밖의 것인 한
아무것도 실재하지 않는다는 그러한 의식 내용을 부여했을
수도 있지 않을까? 아마도 사물들은 나의 외부에 존재한다.
그러나 내가 실제적인 것으로 간주하는 것 중 그 어떤 것도 나
와 상관없이 존재하지 않는다. 어쩌면 나의 외부에 존재하는
사물들이란 없을 수도 있겠다.

　　그러나 나는 실제로 사물들이 있다고 가정한다. 그것도 나
의 외부에 말이다. 어떤 신뢰에 근거해서 그렇게 하는가? 외

부 지각의 신뢰에 근거해서 그렇게 하는 것일까? 나의 단순한 시선은 위로는 가장 멀리 있는 항성의 세계까지 나의 사물적인 주위 환경을 파악한다. 그러나 아마도 이 모든 것은 꿈이고 착각일지 모른다. 이러저러한 시각적 내용, 이러저러한 통각들, 이러저러한 판단들은 주어져 있는 것이고, 진정한 의미에서 유일하게 주어져 있는 것이다. 지각에는 이러한 초월의 수행을 위해 그 **어떤 명증**이 수반되어 있는가? 그러나 명증이라는 것은 그 어떤 심리적 성격과는 다르다. 지각과 명증성격은 주어진 것이다. 그런데 이제 이러한 복합체에 왜 무언가가 상응해야만 하는지는 수수께끼이다. 나는 아마도 이렇게 말할 수 있을지 모른다. 우리는 초월을 **추론하고** 추론을 통해 직접적으로 주어진 것을 넘어선다. 주어진 것을 통해 주어지지 않은 것을 근거 짓는 것은 추론이 하는 일이다. 그러나 추론이 그와 같은 근거 지음을 어떻게 수행할 수 있는가 하는 물음을 제쳐두더라도, 우리는 분석적 추론은 아무것도 돕지 못할 것이라고 대답할 것이다. 초월적인 것은 내재적인 것 속에 포함되어 있지 않다. 그러나 종합적 추론은 어떻게 경험적 추론과 다를 수 있을까? 경험된 것은 경험적 근거를 제공한다. 즉 경험되지 않은 것에 대해서 이성적인 개연성의 근거를 제공하는 것이다. 그러나 다만 경험될 수 있는 것에 한하여 그렇게 할 수 있다. 초월적인 것은 그러나 원리적으로 경험될 수 없다.

부록 3

인식이 **초월적인 것과 맺는 관계**는 불명료하다. 우리는 언제 명료성을 가지게 될 것이며, 또 어디에서 그렇게 할 수 있을까? 이제 이러한 관계의 본질이 어디엔가 우리에게 주어져 있고, 그것을 **직관**할 수 있다면, 우리는 (그것이 수행되는 곳에서의 해당되는 인식 종류에 대해) 인식의 가능성을 이해하게 될 것이다. 물론 이러한 요구는 처음부터 모든 초월적인 인식에 대해서 **충족될 수 없는 듯**이 보이며, 그래서 이와 함께 초월적 인식도 **불가능한 듯** 보인다.

더 자세히 말하자면 **회의주의자들**은 이렇게 이야기할 것이다. 인식은 인식된 대상과 다르다. 인식은 주어져 있고, 인식된 대상은 주어져 있지 않으며, 그것도 초월적인 것들로 불리는 대상들의 영역에서는 원리적으로 주어져 있지 않다. 그런데도 인식이 대상과 관계해야 하고 그것을 인식할 수 있다면, 이는 도대체 어떻게 가능한가?

하나의 그림이 하나의 사태와 어떻게 일치하는지를 우리는 이해한다고 생각한다. 그러나 그것이 그림이라는 사실을 알 수 있는 것은 다만 우리가 그림과 사태를 비교하면서 그러한 그림과 같은 바로 그러한 사태를 갖게 되는 경우들이 우리에게 주어지기 때문이다.

　그러나 그럼에도 불구하고 인식은 어떻게 자신을 넘어서 대상을, 그리고 이러한 관계를 의심할 여지없이 확신할 수 있는가? 인식이 자신의 내재를 상실하지 않은 채, (대상과) 맞아떨어질 수 있을 뿐 아니라 이러한 맞아떨어짐을 증명할 수도 있다는 사실이 어떻게 이해될 수 있는가? 이러한 증명의 존재와 가능성이 전제하는 것은 해당하는 것들을 인식할 때, 그러한 인식이 여기서 요구되는 것을 수행함을 볼 수 있다는 사실이다. 그리고 오직 그러한 경우에만 우리는 인식의 가능성을 이해할 수 있다. 그러나 초월이 특정한 인식 대상의 본질적인 성격이라면 거기서 사태는 어떠한가?

　따라서 이러한 고찰이 전제하는 것은 바로 초월성이 특정한 대상의 본질적인 성격이고, 그와 같은 종류의 인식 대상은 결코 내재적으로 주어지지 않고 주어질 수도 없다는 사실이다. 그래서 이러한 모든 견해는 이미 내재 자체는 문제시되지 않음을 전제한다. 내재가 어떻게 인식될 수 있는가는 이해할 수 있지만, 초월이 어떻게 인식될 수 있는가는 이해할 수 없다.

현상학의 이념

초판 1쇄 발행 | 2020년 8월 5일
초판 2쇄 발행 | 2024년 8월 14일

지은이 | 에드문트 후설
옮긴이 | 박지영
펴낸이 | 이은성
편 집 | 최지은, 구윤희
디자인 | 백지선
펴낸곳 | 필로소픽

주 소 | 서울시 종로구 창덕궁길 29-38, 4-5층
전 화 | (02) 883-9774
팩 스 | (02) 883-3496
이메일 | philosophik@naver.com
등록번호 | 제2021-000133호

ISBN 979-11-5783-191-3 93160

필로소픽은 푸른커뮤니케이션의 출판 브랜드입니다.